U0656442

学校课程发展
精品丛书

丛书主编

舒小红　杨四耕

主编

杨　舸

中观课程设计与学科课程发展

华东师范大学出版社

·上海·

图书在版编目(CIP)数据

中观课程设计与学科课程发展/杨舸主编. —上海:华东师范大学出版社,2020
　(学校课程发展精品丛书)
　ISBN 978 - 7 - 5760 - 0624 - 7

　Ⅰ.①中⋯　Ⅱ.①杨⋯　Ⅲ.①课程—教学研究—小学
Ⅳ.①G622.3

中国版本图书馆 CIP 数据核字(2020)第 241037 号

学校课程发展精品丛书

中观课程设计与学科课程发展

丛书主编　舒小红　杨四耕
主　　编　杨　舸
责任编辑　刘　佳
特约审读　陈成江
责任校对　胡　静　时东明
装帧设计　高静芳

出版发行　华东师范大学出版社
社　　址　上海市中山北路 3663 号　邮编 200062
网　　址　www.ecnupress.com.cn
电　　话　021 - 60821666　行政传真 021 - 62572105
客服电话　021 - 62865537　门市(邮购)电话 021 - 62869887
地　　址　上海市中山北路 3663 号华东师范大学校内先锋路口
网　　店　http://hdsdcbs.tmall.com

印 刷 者　浙江临安曙光印务有限公司
开　　本　787×1092　16 开
印　　张　11.75
字　　数　179 千字
版　　次　2021 年 2 月第 1 版
印　　次　2021 年 2 月第 1 版
书　　号　ISBN 978 - 7 - 5760 - 0624 - 7
定　　价　36.00 元

出 版 人　王　焰

(如发现本版图书有印订质量问题,请寄回本社客服中心调换或电话 021 - 62865537 联系)

丛书编委会

主　编：舒小红　　杨四耕

副主编：周　林　　汪智星

成　员：（按姓氏笔画为序）

　　　　万远芳　　王玉燕　　李美荣　　杨　舸　　杨四耕　　邹　娟

　　　　汪智星　　张　蕾　　罗先凤　　周　林　　胡乐红　　秦文英

　　　　徐耀志　　高友明　　崔春华　　章　明　　舒小红

本书编委会

主　编：杨　舸

副主编：魏红艳

成　员：（按姓氏笔画为序）

　　　　王　瑶　　刘秋凤　　刘统华　　刘赟菁　　闫艳华　　吴　莉

　　　　吴　量　　屈若闲　　赵　筠　　高文英　　涂俐娜　　黄俊斯

　　　　章　怡　　梁广野　　谢文剑　　谭昌琦

区域课程改革既受国家课程改革政策影响,又与学校课程变革主体意愿相关。无论是国家课程改革的落地,还是学校课程变革的统领,都和区域这个中间环节密不可分。就区域课程改革推进模式而言,主要有"自上而下"的空降模式、"自下而上"的草根模式和"平行主体"的分布模式等三种。从宏观角度看,自上而下的课程变革层级设计是最有效的;从微观角度看,自下而上的课程变革主体参与是最重要的;从文化角度看,平行主体的课程变革激励分享是最有意义的。面对各种课程变革模式,如何取长补短是区域课程改革的路径选择和实践智慧。

美国当代教育改革家约翰·I.古德莱德(John I. Goodlad)和克莱因(M. Frances Klein)、肯尼思·A.泰伊(Kenneth A. Tye)提出"课程层级论"思想,他们将课程分为五个层级:(1)理想的课程,由研究机构、学术团体和课程专家倡导的、以纯粹形式呈现的课程形态。这类课程是否产生实际影响,主要看它是否为官方所采纳;(2)正式的课程,是获得州和地方学校委员会同意,由学校和教师采用的课程,也就是列入学校课程表的课程;(3)领悟的课程,指头脑中领悟的、理解的课程,被官方采纳的正式的课程会以学科形式呈现,经教师理解和领悟进入实施状态;(4)实施的课程,教师根据具体的教育情境,对"领悟的课程"作出调整使之成为"实施的课程",进入课堂教学;(5)体验的课程,这是学生实际体验到的课程,尽管经历了同样的课程与学习,但不同学生会获得不同的学习体验,该层次的课程是对整个课程组织流转的最终检验和落实。[①]

在古德莱德看来,上述五个课程层级,每个课程层级都必须进行三个方面的探究:一是实质性探究,包含对课程目标、学科内容以及教材等课程实体要素的本质和价值研究;二是社会性探究,包括对人类发展过程的研究,通过"政治—社会"研

[①] John I. Goodlad and Associates(eds.). Curriculum Inquiry:the study of curriculum practice[M]. New York:McGraw Hill, 1979:344 - 350.

究看到利益倾向及其因果关联;三是专业性探究,主要从"技术—专业"角度考察个体或群体对课程的设计、维护和评价,进而改进、推动或者更新课程。[①] 前两个方面主要探究课程的价值与原理,后一个方面主要探究课程的技术与实践。古德莱德认为每个层级的课程都必须对其本质与价值、政治与社会、技术与专业进行细节性地审视和实践化处理,才能真正促使课程一层一层地垂直落地。

古德莱德"课程层级论"揭示了课程从理论形态到实践形态的运动过程,使人们对课程概念的理解从静态角度转换到动态角度,真正把课程看成是层次化、系统化和生态化的复杂系统,使我们既看到课程的宏观系统,又看到课程的微观层面;既关注原理的探究,又关注实践的落实,对课程从哪里来,要到哪里去,从时间流上考察清楚了。

按照古德莱德"课程层级论"思想,课程改革从区域布局到学生学习整个自上而下的"课程链"有五个层级:(1)区域层面,代表国家,推行"理想的课程";(2)学校层面,基于本校,规划"正式的课程";(3)科组层面,立足学科,设计"理解的课程";(4)教师层面,深耕课堂,创生"实施的课程";(5)学生层面,聚焦学习,获得"经验的课程"。每个课程层级内部有一个"势能储层"。按照《简明不列颠百科全书》的解释:势能是由系统各部分的相对位置所决定的储能,势能是系统的特性而不是单个物体或质点的性质。[②] 势能是个状态量,是相互作用的物体所共有的。我们用"势能储层"这个概念来表达在一个课程层级内的若干要素之间的相互作用情况,每个课程层级就是一个"势能储层",该层级内部各要素,如资源、环境、主体等相互作用,产生一定的"能量",进而推动着课程变革进一步落地,形成区域课程改革的瀑布模型(见图 1)。

1. 区域层面:代表国家,推行"理想的课程"

区域层面如何以国家课程政策为依据,以学科课程标准为基础,整合性地推进"理想的课程"落地?课程是最重要的改革载体,区域课程改革必须立足实际,基于"五育并举"的要求,把对学校发展、教师发展以及学生发展产生影响的各种因素及

---

① (瑞典)胡森,(德)波斯尔斯韦特.教育大百科全书第 7 卷[M].重庆:西南师范大学出版社,2006:109.
② 姜椿芳.简明不列颠百科全书第 7 卷[M].北京:中国大百科全书出版社,1986:323.

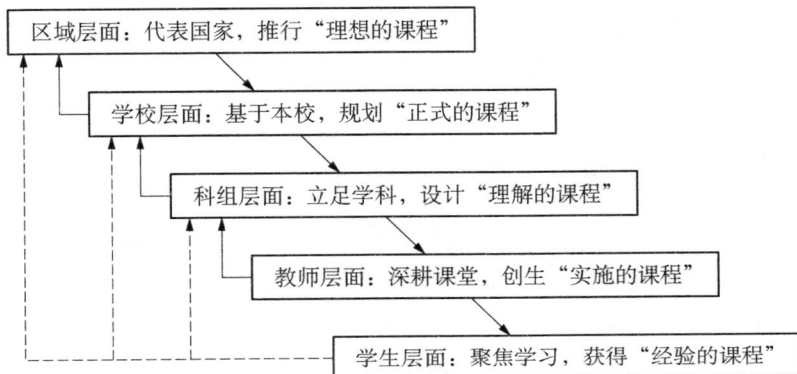

图 1　区域课程改革的瀑布模型图

资源进行整合考虑,建构系统的区域课程变革框架。南昌市东湖区组织各层面专家学者以及校长头脑风暴,广泛听取意见,对区域课程改革进行了梳理和归纳,通过充分调查研究,出台了《南昌市东湖区教育科技体育局关于提升中小学课程品质的指导意见》。这是一份"理想的课程"如何落地的宣言书,该指导意见从意义、目标、重点工作和保障措施四个方面为区域课程改革提供操作性指导意见,其目标在于"实践导向、精细设计,以点带面、聚焦特色,整合力量、共同发展",优化工作机制,整合教研、科研、培训、督导等方面的力量,培育一批有推广价值的课程改革经验,促进区域课程品质整体提升;重点工作聚焦在完善课程体系,加强课程建设,改进课程实施,促进课堂转型,构建多元评价体系等方面;本着"先行试点、积极探索、逐步推广、全面推进"的要求,积极稳妥地推进中小学课程改革,提升学校课程品质。应该说,通过区域课程改革政策设计,系统规划了区域课程改革,提高了区域课程改革的理解力和设计力。

2. 学校层面:基于本校,规划"正式的课程"

学校层面如何立足本校实际,推进课程深度变革呢? 这一课程层级可以研制学校整体课程规划为抓手,规划"正式的课程",进而提升学校课程领导力。南昌市东湖区每所学校均以校长为核心组建学校课程领导小组。学校课程领导小组牵头研制学校整体课程规划,建立与学校内涵发展相匹配的课程体系,提升学校课程品质。学校整体课程规划关注以下七个关键问题：(1)分析学校课程情境,明确学校课程变革的家底;(2)确定学校课程哲学,把握学校课程变革的价值取向;(3)厘定学校课程目标,引领学校课程方向;(4)设计学校课程框架,建构学校课程体系;(5)布局学校课程实施,转变课程育人方式;(6)改进学校课程评价,提升学校课程品质;(7)探索学校课程管理,保障课程扎实落地。学校根据自身实际情况,以内涵发展为中心,通过整体课程规划,优化学校课程结构,设计适合学生发展的课程体系,有逻辑地推进学校课程变革。① 学校课程变革是一个不断研究、深化的过程,学校整体课程规划本质上是以校长为核心的领导团队关于课程的价值判断力、目标厘定力、框架建构力、实施推动力和管理保障力的探索过程,是课程领导团队通过研究系统规划"正式的课程"的过程。

3. 科组层面:立足学科,设计"理解的课程"

学校是有明确职能分工的科层组织,学科教研组是其中最重要的业务组织。学科教研组层面如何立足学科,设计"理解的课程",便是这一课程层级需要思考的问题。在南昌市东湖区,我们推进学校学科教研组研制学科课程群建设方案,促进教师理解课程的真谛,进入课程领域,发现课程的意义。立足学校与学科实际,学科课程群建设方案主要从以下六个维度进行设计:(1)确定学科课程哲学,把握学科课程价值观;(2)厘定学科课程目标,细化学科核心素养要求;(3)设计学科课程框架,活化学科课程内容;(4)布局学科课程实施,转变学科学习方式;(5)改进学科课程评价,提升学科课程品质;(6)探索学科课程管理,保障学科课程落实。实践证明,学科是中小学教师的专业家园,学科教研组组长是学科课程建设的带头人,是学科课程的主要决策者。通过学科课程群建设方案的设计,带领学科教师走进课程世界,在课程实践中不断建构分享型组织文化,是一所学校课程变革的一个重要维度。

4. 教师层面:深耕课堂,创生"实施的课程"

教师即课程,教师的课程理解决定着教师的教学行为。教师创生课程是专业自主权发挥的体现,是个性化教学生成的重要标志。有学者认为"教师即课程"有

---

① 杨四耕.学校课程变革的逻辑与深度[J].中小学教育(人大复印资料),2016(7):45-47.

两个内涵:其一,教师是课程的内在要素,是课程的有机组成部分;其二,教师是课程的创造者,创造课程是教师的责任。[①] 立足课堂教学,教师创生着最现实、最富有实践感的课程,也就是"实施的课程",其中包含师生关系在内的隐性课程、学科知识的经验再现课程以及拓展延伸的生成课程等表现形态。在南昌市东湖区,我们倡导教师从四个方面激活课程:一是培育课程敏感,让教师在课堂教学中,富有学科育人意识,有迅速捕捉课程资源的机智,充分发展课程的意义;二是提出教学主张,让教师把握学科本质,深化课程理解,对学科课程的理解,在一定意义上就是对学科本质的探寻;三是立足儿童成长,让课堂洋溢生命感,让课程成为给予儿童最重要的礼物,成为支持学生的创造和生长的资源;四是激活课程创生,在鲜活的教育情境中创生课程,践行"教师即课程"的美好追求。从静态知识观到生成课程观,从知识的预设到课程的创生,教师在课堂教学中充分发挥课程实施的主体创造性,实现对课程的情景性理解和把握,全面增值课程的育人价值,这就是"深耕课堂"的意涵,这就创生了"实施的课程"。

5. 学生层面:聚焦学习,获得"经验的课程"

"经验的课程"是学生实际体验到的课程,是儿童经验的改组和改造,是课程运行的最终归宿和效果落实。为了丰富学生的学习经历,促进儿童获得有价值的"经验的课程",在南昌市东湖区,我们强调以下四点。其一,准确把握学科知识的育人价值。学科知识是系统化的人类经验,有其特别的价值。我们倡导以生动的事实与学科知识有机结合的"课程微处理",让儿童从经验中学习,"行动就变成尝试,变成一次寻找世界真相的实验;而承受的结果就变成教训——发现事物之间的联结"。[②] 其二,实现学科知识和学生经验的全面联结。课程既包括静态的知识体系,也包括动态的学习过程,知识体系和经验世界共同构成了课程的风景,促进二者的融通是经验增值的途径。没有学生的经验活动过程,学科知识只是"死的符号",是没有意义的。其三,寻找课程内容与学生经验的最佳结合点。学科知识中的概念归纳、逻辑推理、事理演绎,都必须以学生的生活经验为基点,使学科知识贴近儿童

① 陈丽华.教师即课程:蕴涵与形式[J].课程·教材·教法,2010(6):10.
② (美)约翰·杜威.民主主义与教育[M].王承绪,译.北京:人民教育出版社,1990:149.

的生活体验,让知识逻辑变为学生可感的经验表达,促使琐碎的经验事实不断地向系统的知识逻辑发展。其四,引导学生进行真实的经验探索和评述。经验是具体的尝试过程,学生不能在被动静听中获得经验,只有在亲自"做"的过程中才能发展出真实的经验。教学要为学生提供经验探索的环境,引导学生主动尝试、积极求索,在发现问题和解决问题中获得经验,表述和评价经验的形成过程和成果。

　　综上所述,区域课程改革是镶嵌于上述五个"课程层级"中的若干不同主体、不同事件和活动构成的系统运作过程,由上至下构成了一个瀑布式课程推进模型。瀑布给人雄伟、壮观的印象,大家可以想象一下这样的画面:瀑布的上方有个储水池,溪流源源不断地往储水池注水,当池面水位达到一定高度,就会在水池边沿溢出,形成壮观的瀑布场景。溪水倾泻到瀑布底端后,又流进了一个储水池,当水面达到一定高度后又会溢出流入下一个水池,如此一层层往下流动,形成连续的瀑布场景。区域课程变革过程也像这样一个瀑布流,在每个"课程层级"都需要经历"储能"的过程,就像溪水流入每一个储水池,都需要时间积累和事件增值,当水位达到一定高度才发生溢出效应。

　　事实上,区域课程改革是通过设计一系列阶段性项目任务而展开的,从问题界定到需求分析,从项目确定到策略选择,从项目推进到评估反馈,每一个阶段的项目任务都有明确的内容,都会产生瀑布效应。课程改革项目进程从一个阶段"流动"到下一个阶段,逐步落实与推进,并溅起无数"浪花",形成整体"水幕"的过程,我们可以称之为瀑布式课程改革过程。[①] 从深层次看,瀑布式课程改革是课程政策由外部向内部、由宏观向微观、由理念构建向实践创新转换的关键所在,整个过程包含界定问题、需求定位、项目聚焦、策略选择、触点变革、项目推广、评估反馈等阶段。通过瀑布式推进,区域课程改革氛围可以浓郁起来,课程改革项目可以落地有声。

杨四耕

2020 年 6 月 18 日于上海市教育科学研究院

---

① 杨四耕.区域课程改革的瀑布式推进[N].中国教师报,2017 - 8 - 16(13).

目 录

前言 / 001

第一章｜**价值链接：中观课程的哲学思考** / 001

杜威认为哲学研究的根本目的是为人类有效地行动提供智慧。课程哲学研究的使命就在于对课程目标的价值判断，以及对达到目标的手段进行合理有效的选择，它是儿童学习生长的价值原点。哲学是课程的起点，它来源于学科课程的性质和学科课程发展理念，并具体渗透到课程建设的每一个环节中，具有明确的方向性指导作用。中观课程哲学是中观课程的核心价值观，是对自身学科课程内容及其发展定位的一种理解，它从儿童本身的真正需求出发，打破原有界限，往融合共生处寻求发展，打造多层次的实践样态，让课程对接真实世界的挑战，使儿童通过课程中的体验，触发儿童本身具有的禀赋，最终成为儿童生命中的一束光，给予光明的启示。它是有生命的精神，是春风化雨式的滋养，是让儿童做儿童，不断积蓄向上生长力量的最佳土壤。

尚贤德法：做一名"贤正"向上的少年 / 002

第一节　教育就是把儿童看作儿童 / 002

第二节　培育"贤正"向上的少年 / 005

第三节　倾听儿童成长的律动 / 008

第四节　关注儿童的全面发展 / 012

第五节　拓宽儿童的学习空间 / 016

第二章 ｜ **目标聚焦：中观课程的育人指向**

　　泰勒说："教育是一种改变人们行为模式的过程。"课程即引领，是儿童生长的过程。中观课程的实现手段在于整合学科课程，提倡深度学习和个性化学习，在实践过程中使儿童世界得到丰富和扩展，目标聚焦在引领儿童通过课程的充分学习，在提升综合性的学科核心素养的内核基础上进一步唤醒内心潜能，激发个体生命，提升思维力、创造力、批判力、想象力，最终致力于提升儿童内在的生长力，为儿童的本性自由的生长奠基，使其拥有自信于立足未来、拥抱未来、开拓未来的行为能力。课程应以儿童为本位，让儿童按照其本性有规律地自然生长，满足全面而个性化发展的需求，陶冶出善良、丰富、高贵的贤士灵魂，中观课程建设也必须从这个教育原点出发。

活数学：学活数学，活用数学　　　　　　　　　／ 020
第一节　让数学彰显活力　　　　　　　　　　　／ 020
第二节　学活数学促活用数学　　　　　　　　　／ 022
第三节　建构"活数学"学习图景　　　　　　　／ 026
第四节　让儿童学会活用数学　　　　　　　　　／ 028
第五节　合作助力生命成长　　　　　　　　　　／ 033

第三章 ｜ **结构耦合：中观课程的融会贯通**

　　儿童是教育的中心。从亚里士多德到夸美纽斯、卢梭等都秉持这一思想。学校应关注儿童的发展，关注儿童认知能力和水平下的学习状态，让儿童站到课程的正中央，让课程凝聚儿童内在生长的力量，让学校成为学科课程拔节的理想地。依照加德纳的"多元智能"理论，学校以儿童综合素质的全面提升为价值取向，按照基础教育的定位，人的成长和发展规律及儿童的个性特点，在梳理现有课程的基础上，富有针对性地架构课程，构建有层次、有活力、有特色、有水平的完整的课程结构体系，在课程内容上，关注"语言发展、逻辑思维、艺术审美、科学探究、体育健康、社会交往"六大核心素养。这些课程对不同年龄、不同能力、不同兴趣的儿童而言,具有儿童需要的实际意义,真正实现教与学、知识与技能、课内与课外、认识与实践的融会贯通,学校全科育人的中观课程体系得以完善。

情理语文： 让孩子的情感与理性悟思相融　　　　　　　/ 058

第一节　融会情理　感知语文魅力　　　　　　　　　　/ 058

第二节　贯通情理　丰富情感体验　　　　　　　　　　/ 061

第三节　构建情理　延展理性悟思　　　　　　　　　　/ 065

第四节　践行情理　创造精彩课堂　　　　　　　　　　/ 073

第五节　升华情理　润泽精神世界　　　　　　　　　　/ 085

第四章 | **学习共振：中观课程的多重绘景**　　　　　　/ 091

英国课程学者斯基尔贝克说:"设计课程的最佳场所在学生和教师相处的地方。"的确,课程应该是在师生与真实生活世界的互动中不断生长的。在中观课程的实施过程中,我们充分发挥学科课程群的优势,以具体有效的策略逐步培养学生自主、合作、探究的学习能力,采用适合儿童学习特点的多样的、活跃的学习方式,如"走班式"的行走学习、"聚拢式"的群聊学习、综合实践等提高儿童的学习兴趣,重视孩子们直接经验的获得,让孩子们亲近自然,走进社会,通过一系列的实践活动扩充和丰富孩子们的经验和见识。我们努力把以学科为中心的课程转换为儿童与社会有机融合的课程,以儿童为本,为生长而来,让儿童在中观课程的实践中丰富体验、拥有收获、获得发展,拓宽儿童的生命视野,从整体上提高核心素养。

智创美术： 让儿童用画笔描绘创想中的世界　　　　　　/ 092

第一节　让每个儿童展示自己的生命原色　　　　　　　/ 092

第二节　以美铸魂,激活儿童对美的表达　　　　　　　/ 095

第三节　为儿童开启美术创造的智慧密码　　　　　　　/ 097

第四节　美的互动，绘就儿童最真的世界　　　　　　　　　／　100

第五节　净心启智，创设美术课程新境地　　　　　　　　／　111

第五章　│　**素养涵泳：中观课程的效果评估**　　　　　／ 115

"课程评价之父"泰勒说："评价过程实质上是一个确定课程与教学计划实际达到教育目标的程度的过程。"中观课程评估作为一种有价值的活动，要以是否能够促进儿童生长为标准，根据不同学段、不同科目、不同学生的发展水平匹配适度的学生能力发展目标，使发展的广度与深度达到平衡。我们通过构建科学、合理的课程评价体系，运用发展性的评价方式，改进课程设置，最终达到促进课程发展的目标。为达到最优化的课程效果，我们的中观课程设计也应该符合儿童的认知特点，以促进儿童综合素养的全面提升，点燃儿童的学习热情，满足儿童的学习需求，力求让每一个孩子都闪光。课程评估是学校课程质量提升的有效保障，是记录行走足迹的过程，是了解课程效果，了解师生对课程满意度的重要手段，它是一把度量的尺子，它孕育着未来，也正通向未来。

Pure English：　体验地道英语学习　　　　　　　　　　／　116

第一节　让英语走进儿童的生活　　　　　　　　　　　　／　116

第二节　让儿童夯实英语学习的基础　　　　　　　　　　／　118

第三节　让儿童感知英语的多元样式　　　　　　　　　　／　122

第四节　让儿童体验分享英语的快乐　　　　　　　　　　／　125

第五节　师生互动共学，提升英语素养　　　　　　　　　／　133

第六章　│　**思维矩阵：中观课程的管理取向**　　　　　／ 137

如果说课程是一个围绕学生成长运行的体系，那么管理就是这场运行的动力源。管理是课程的一部分，是课程的中枢神经，是始终保持课程生态化的法宝。

中观课程的管理应该包括课程功能、结构、内容、实施、评价、管理权限等方面的内容,努力形成天然的、逻辑严密的课程肌理。从确定学校中观课程的理念开始便将理念融入课程实施,并建立主体性的课程管理制度,创建主体性的课程管理机制,实现课程评价方式的主体性转化,使得学校中观课程管理良性运行,以此提升课程的执行力,提升学校文化凝聚力,激发学校的主体活力,形成学校鲜明的办学特色,这也是课程管理的终极追求。

玩探科学: 在学中玩,在玩中开启探究之路   / 138

第一节 感知玩探科学课程内涵   / 138

第二节 玩转科学 体验探究之乐   / 140

第三节 架构多彩科技梦想   / 142

第四节 多途径追逐科技梦   / 146

第五节 抓住支点,撬动思维   / 152

后记   / 156

前 言

岁月不居,时节如流,我们身处教育变革的洪流中。

学校课程建设决定着学校教育质量和办学品位,必须通过课程变革实现学习方式变革,用课程建设推进学校教育内涵发展,将立德树人根本任务落实到课程实施的全过程。南昌市南京路小学创建于 1949 年,原名"江西省第一工农子弟学校",是在江西省第一任省长邵式平同志的亲自关怀下创立的,迄今已有 70 余年的历史。近些年来,学校以"养贤正之气,育贤善之人"作为办学理念,结合"贤文化"建设,在宏观、中观和微观三个层面推进学校课程变革,为学校特色发展、教师专业发展、学生个性发展提供了新舞台。

一、 宏观课程: 整体规划,引领学校课程发展

宏观课程是学校为培养一定的人才而制订的培养方案和整体规划(课程规划或课程模式)。学校育人体系的核心是课程体系,课程承载着育人的主体功能,所以宏观上学校课程的整体规划就显得尤为重要。如果学校课程的整体规划比较匮乏,学校课程建设参与面不广泛,课程建设缺乏指向性,那学校就犹如一艘轮船行驶在茫茫海洋却没有方向,无法到达彼岸。学校应秉持自身办学理念,对学校课程进行整体规划,打破目前课程分离的、叠加的、大杂烩式等诸多壁垒。

宏观在"天时",宏观教育政策打开学校课程变革空间。2014 年 3 月,《教育部关于全面深化课程改革落实立德树人根本任务的意见》指出:"全面深化课程改革,整体构建符合教育规律、体现时代特征、具有中国特色的人才培养体系,建立健全综合协调、充满活力的育人体制机制,落实立德树人根本任务,是贯彻党的十八大和十八届三中全会精神的重大举措,是提高国民素质、建设人力资源强国的战略行动,是适应教育内涵发展、基本实现教育现代化的必然要求,对于全面提高育人水平,让每个学生都能成为有用之才具有重要意义。"2019 年 6 月 23 日,中共中央、国

务院发布《中共中央国务院关于深化教育教学改革全面提高义务教育质量的意见》强调:"坚持立德树人,着力培养担当民族复兴大任的时代新人;坚持'五育'并举,全面发展素质教育;强化课堂主阵地作用,切实提高课堂教学质量;按照'四有好老师'标准,建设高素质专业化教师队伍;深化关键领域改革,为提高教育质量创造条件;加强组织领导,开创新时代义务教育改革发展新局面。"南昌市南京路小学依据上述政策精神,对学校课程进行整体规划。古有贤明、贤达、贤良等词,今有任人唯贤、选贤举能之说,从古至今"尚贤"是社会崇尚的道德要求,学校以"贤文化"为核心,以"尚贤"精神为指引,打造共同价值观。学校"贤文化"是对所有主客观世界美好的、高尚的精神事物的向往与追寻,学习与实践。学校要宏观准确把握全面深化课程变革的总体要求,着力推进关键领域和主要环节变革,通过课程变革促进教师教育教学方式的变革,达到学生学习方式的变革,用课程建设推进学校教育的内涵、特色发展,将立德树人的根本任务落实到课程实施的全过程。

宏观在"地利",教育环境助力学校课程发展。课程哲学是学校课程的根基,为课程整体规划提供方向和框架,决定课程的价值取向。学校的教育环境包括学校的历史背景、地理位置、社会资源、家长资源等。开发课程哲学要深挖学校周边独特的教育环境。南昌市南京路小学坐落在皎皎玉带河畔,悠悠贤士湖旁,真可谓"碧波漾处书声起,湖映楼影婀娜生",是教书育人的一处绝佳清雅之地。孔子云:"见贤思齐焉,见不贤而内自省也。"师者施贤、学者师贤,学校因地制宜,基于已有的办学特色及对教育本质的认识,学校以建构特色"贤文化"为核心,构建学校的教育哲学——"尚贤教育",将课程模式确定为"小贤士课程",把课程目标确定为"得贤知、明贤礼、提贤能、启贤行"。

宏观在"人和",一切课程都是为了儿童。儿童是课程建设中的主体,如果没有儿童的真正参与,所有课程建设都很可能昙花一现,只有当孩子用心参与并亲身体验了课程后,所设置的课程才有可能成为学校的特色课程。因此,在安排学校课程计划时应做好儿童的调查分析,了解有多少孩子对所开设的相关课程有兴趣,他们的家庭背景和社会背景如何,学完相关课程后可能会达到什么效果等。南昌市南京路小学目前共有36个教学班,学生1849名,作为一所全日制小学,承担着南昌市东湖区贤士湖管委会所辖永溪等四村及南京西路等8条交通路段规定区域的适龄儿童接受初等义务教育任务,学区覆盖面广,学情复杂,有政府机关宿舍,也有普通城镇居民,有农村常住人口,也有进城农民工,外地打工租住户等,学生中30%以上为随迁子女。我们希望来自不同文化、家庭背景的孩子们在"尚贤教育"的熏陶下,不断完善自我。"尚贤教育"是引领儿童健康成长的教育,是追求真善美的教育。基于学校教育哲学和办学理念,学校提出这样的课程理念:给童心撒下向贤至善的阳光。我们认为:"贤"是一种向往,饱含在每个南小人的灵魂内;"贤"是一种美德,植根于每个南小人的心灵中;"贤"是一种品格,凝聚在每个南小人的身体间;"贤"是一种使命,落实在每个南小人的行动上。

课程开发只有具备了"天时、地利、人和"的基本条件,才能构建出具有学校特色、深受孩子和教师欢迎的课程体系。通过学校课程的整体规划与设计,达到课程宏观上的系统性、平衡性、互动性、组合性、协调性,这样的课程使孩子得到完全的滋养,有利于孩子全面而有个性的发展,有利于教师对自身承担课程的目标有更为深刻的认识,有利于勾画出课程的全貌,还可有利于促进课程整体育人理念的贯彻与学校课程文化的逐步形成。

二、 微观课程: 见微知著,让学校课程扎实落地

如果说宏观课程是一幢建筑的设计图纸,那么微观课程则是具体的施工过程。学校课程需要具体实施,有了宏观课程的引领,还需要在微观层面做活、做实各类学科课程,这就要求教师在各种具体的教育教学中,依据学生的身心发展和学习规律,根据学科具体知识点与具体环境因素和学习活动细节等来安排具体教学。

微观在"意识"。课程的精准实施,需要教师具有课程意识。教师有以生为本的教育理念,不要"一叶障目,不见泰山",用课程意识引领教学意识,使教学从知识本位、学科本位向发展本位转变。学校教师从"小贤士课程"规划稿的形成之初便参与其中,教师人人参与,同心协力,作为课程的传递者,教师可以对教学有自己的课程理解,并逐渐建构起教师自己的课程思维以及课程模式,教师站在课程的角度,从"课堂教学"向"课程实施"升级。我们的教师在课堂中,用自己的智慧敏锐地、主动灵活地抓住稍纵即逝的教育时机,为儿童创造有利成长的教育情境。全体教师的课程意识让"小贤士课程"有效落地。

　　微观在"课堂"。教师不再仅仅只备一节课,而是由宏观课程中的总体科目目标、总体科目内容、总体科目组织为引领,在中观课程整合的新视角下,用系统的思维来备每节课,课时目标、教学实施站在单元目标、单元内容、单元组织的基础上思考。例如,在"贤艺林"中的"鄱湖渔歌"课程,通过对家乡鄱阳湖的了解再进行深入的学习,学习鄱阳湖各类对称和不对称的鱼的画法,再利用纸杯、纸盘等进行废弃物品改造,让它们"活"起来。课程以实践创作为主要学习方式,学习过程提高了孩子热爱家乡、热爱自然的情操和保护生态的意识,从实践与创新、合作与交流、审美表现三个维度开展过程性评价,学期末进行鄱湖渔歌创作作品展,评选出"最佳创意小能手""最佳鄱阳湖小卫士"等荣誉称号。微观课堂中教师根据儿童感兴趣的话题、主题在课程实施中的突发事件,以及充分发掘利用身边的资源等方面生成的个性化微观课程。课程不再仅仅是教材、教室、教师和学生的简单组合,而是四者的完美碰撞,在课堂中形成教育火花,生成教育的智慧,成就师生彼此的成长。"小贤士课程"在全体师生的课堂中生根生长。

　　微观在"行动"。任何教育理念的效果达成最终取决于课程建设及其实施过程。将学校的课程理念内化到每一门课程中,打通人才培养的最后一道关卡,才能真正实现从理念到行动的落实。课程实施是执行课程计划的过程,是思想和行动共同成熟的过程,这些过程将课程的理念形态转化成孩子们可接受的内容,从而实现课程内在的教育意义。"小贤士课程"主要通过以下途径进行课程实施:建构"贤智课堂",落实学科基础课程;整合"贤融学科",落实学科拓展课程;丰富"贤乐社团",落实兴趣爱好课程;抓实"贤德节日",落实节庆文化课程;做实"贤雅文化",落实校园环境课程;打造"贤创空间",落实创客教育课程;聚焦"贤美主题",落实专题教育课程;做活"贤趣运动",落实特色项目课程。从理念到落实,坚持系统性推进,既做好宏观层面的规划,又采取有效措施确保学校上下层层落实,全校师生用行动让"小贤士课程"盛放。

三、 中观课程: 领域融合,促进学科课程发展

　　如果说学校为培养人才而制订的培养方案和整体规划为宏观课程,教师个人的课程设计加上课堂生成即微观课程,那么居于二者之间,站在学科系统的高度,

整合各个学科课程的目标、内容、实施和评价方式形成一套师生可运作的统整性的课程即中观课程。如果说课程是一条引领孩子走向美好未来的道路,中观课程即是这条道路的重要枢纽,上通宏观课程,下达微观课程。

中观课程中的"中观"是站在系统的高度,用联系的眼光,以学科知识单元或模块教学为切入点,构建能体现学科基本思想或相似领域之间的整体认知结构图式的思维方式。中观课程是基于国家课程创造性生成的师生可操作性课程,组织方式通常以主题为中心设计课程的内容模块。中观课程使教师在教学时空中获得较大自由度,优化教学方法上有极大的可能性,教学设计技能上有更高层面的展示和提升,往下可以合理协调课时之间的教学逻辑,往上可以较好地兼顾课程整体目标和知识结构。因此,中观介于宏观和微观之间,是一种认识事物的思维方式。

在课程建设中,学校的宏观课程应整体规划确定学校课程的类别结构和课程类型,中观课程则实现各学科领域的融合,实现各类课程内的优化。宏观课程中的办学理念要求每个孩子德、智、体、美、劳等基本素质都得到提高,全面发展。而学科设计要求顾及每个儿童身心发展的特点,因材施教,使孩子的兴趣和特长得以不断生长。中观课程关注各学科领域之间的融合,正确处理各学科之间的关系:如工具类、知识类、技能类学科之间的关系以及语、数、英与音、体、美、劳之间的协调。在安排语、数、英等知识类学科时,应该尽量采用跨学科或多学科的方式;在强调工具类学科的作用时,也要给予音、体、美等技艺类学科应有的重视。通过对同学科或跨学科的相关课程进行整合和设计,以课程之间的知识、方法、技能、问题等为结合点,对某一学科的课程价值观、课程目标、课程框架、课程实施与评价等进行整体性的详细的规划,合理的配置,使它们在内容上互相融合、互补、照应,形成相对独立却又统一的课程系统。在中观课程的领域里每一种生长的种子都能找到合适的土壤,每一个方向的生长都能得到尊重,教育是要培养全面发展而富有个性的人,既德才兼备又保持个性。

我们认为,学校的中观课程有以下六个关注点——

1. 中观课程关注理念重塑。学校办学理念和育人理念指导育人目标,而育人目标是课程建设的起点。如果学校的课程建设不是基于育人目标的实现,没有学校课程的整体规划和设计,各个课程分别唱自己的一台戏,没有联结性,就形成不了融会贯通的课程体系。学校的中观课程关注学校的办学理念和育人理念,在课程改革中,重塑提炼办学理念、育人理念、育人目标,在此基础上研发中观课程,形成统一的、整体的、和谐的学校文化。我们以学校核心理念统领全局,使课程承载起学校文化,成为学校文化的主脉。这些理念如同灯塔照亮学校内的教育行为,更为师生的精神血液注入一股催人奋进的力量。学校基于办学理念将育人目标确立为"得贤知、明贤礼、提贤能、启贤行",立德树人,让学生学会学习、学会生活、学会交往、学会做人,使学生具有科学的世界观、人生观、价值观,成为身心健康的"小贤士"。得贤知:爱学习,乐探究。学会学习,以发现的方式开展学习,每个南小学子都应该具有一种善于学习的品质和运用发现式学习方法的能力。明贤礼:明是非,懂感恩。每个南小学子都应成为明辨是非,懂得感恩的人。提贤能:欣赏美,勤锻炼。培养艺术水平,勤于锻炼体魄。每个南小学子都应掌握一定的特长技艺,从而陶冶身心,强健体魄,并有责任和担当的方法和能力。启贤行:善合作,能创新。有目标,有追求,有行动,重落实。每个南小学子都应有理想、有追求,并能为实现理想脚踏实地奋斗。我们坚信,每一个孩子都有美好的向往;我们坚信,学校是一个孕育真善美的地方;我们坚信,让生命与美好相伴相随是教育的终极追求;我们坚信,养贤正之气、育贤善之人是教育的神圣使命;我们坚信,给童心撒下向贤至善的阳光是教育的最美图景;我们坚信,教育的全部秘密在得贤知、明贤礼、提贤能、启贤行。

2. 中观课程关注教师视角。教师备课有一个必备环节即备学生,教师从中观层面进行知识归纳整理,从微观层面切入引导问题,儿童根据已有和习得的知识解决问题和知识迁移。中观课程改变了教师对国家课程、地方课程的依赖,自己成为课程的设计者、参与者、建设者和传递者,极大提升教师的自身素养,最大限度发挥教师的主动性、创新性。教师以关注儿童发展为出发点,站在自己的视角用课程的理念与框架进行学科课程建设,又将自己实践所得的教学智慧丰富课程内涵。中观课程中以教师视角在学生"最近发展区"内设置各类项目式学习,学生运用已有的知识、技能解决项目内的问题,完成项目学习。孩子们通过深刻的观察、全面地了解、操作,积极主动地运用智慧完成学习过程。项目式学习和学科课程有机结合,取长补短、相得益彰。例如我们的项目学习"为什么大部分窨井盖是圆形的",

项目背景：南昌在修地铁，不可避免地开挖了不少马路，马路上的窨井盖有的也被损坏了，为了建设更美丽的南昌，请同学们设计窨井盖，要充分考虑设计什么形状的窨井盖最安全、最美观、最经济实惠。带着问题，孩子们跟随老师来到街道，在真实的生活场景中试着解决问题：数学老师和孩子一起统计不同形状窨井盖的数量，用数学公式计算窨井盖的面积，并制作统计表；美术、科学老师带着孩子一起制作窨井盖模型；语文老师和孩子一起将成果汇编成报告；信息技术老师带着孩子再将报告制作成精美的 PPT 呈现给大家。在这个过程当中，孩子们不仅体验到制作窨井模型和涂鸦创作的乐趣，更重要的是用自己的智慧、劳动解决生活中的实际问题，他们在此次活动过程中所收获的幸福感与价值感是无法计量的。我们的教师从自己学科的视角，用中观课程思维去设计课程，全面细致地从发展儿童逻辑思维入手，不仅能提升孩子学习的兴趣和热情，也使教师得到了满足感。

3. 中观课程关注儿童发展。中观课程设计之本是聚焦儿童，从儿童出发，回到儿童本身。中观课程设计关注孩子的共同学习需求和个体化需求，从孩子的需求去研发、定制真正符合儿童自身需要的课程。中观课程设计能让孩子学习起来心中有谱，学有方向，通过明确的学习目标和计划，让孩子清晰地完成学习任务从而产生更强的兴趣和动力，并将学习兴趣延伸到课外。中观课程关注儿童的发展，力求提升学生各方面的素养，这种多元、丰富的课程体系，丰富了儿童的学习方式，拓宽了孩子看待世界的眼光，发现不一样的精彩。我们希望南小的孩子具有以下几种品格：一是贤孝，"贤孝者仁爱也"，孝贤相继，南小是传承仁爱的沃土；二是贤善，"言行恒时随顺友"，南小人一心向善、秉性正直；三是贤礼，"以礼相待"的文明之风吹遍南小每个角落；四是贤才，南小致力于培养德才兼备的社会主义合格的建设者和接班人，让每个"南小贤娃"都能够成为向贤至善的"小贤士"。

4. 中观课程关注领域融合。中观课程设计从解读学科课程思想、性质和价值着手，整合、厘清各学科的课程理念和性质，建设课程群，将学科核心概念制作成框架图、知识对照表、学科中观评价模式等。中观课程设计将重组学科课程模块，课程实施时相互调试取向，课程方案的使用者与教育情境之间相互适应，根据具体班级使课程目标、内容、方法等课程方案之间相互调整、融合，这要求教师要站在系统的高度来理清学科的宏观脉络，再根据知识内在的联系来进行中观课程设计，运用到微观课程教学当中。这样避免了教学中只见树木不见森林的现象。学校根据各学科师资力量,倡导教师在国家课程校本化实施的基础上总结经验,以某学科为原点,设计基于某学科特色"1＋X"课程群。"1"是教师所教授的国家基础性课程,"X"是指教师根据国家课程开展的拓展性课程,是基础性课程的延伸,研发具有各学科特色的课程群,即由若干相关学科围绕某一个共同领域,以一定的形式结合而成的学科群。学校将实施的课程分为"贤语园"课程、"贤智阁"课程、"贤艺林"课程、"贤创谷"课程、"贤善坊"课程、"贤健湾"课程,最终形成"小贤士课程"体系。贤语园课程,属语言发展课程,在课程中培养孩子的吟诵能力、表达能力、写作能力、英语口语能力等;贤智阁课程,属数理逻辑类课程,旨在培养学生数学推理的能力及逻辑推理的能力,主要课程有一至三年级的珠心算课程、各年级的"中国象棋""国际象棋""魔方世界""神奇二十四"等;贤艺林课程,属艺术审美课程,旨在激发学生对音乐、书法等艺术的兴趣;让孩子亲近自然,体验生活,拥有一双发现美的眼睛,培养孩子的审美能力,提升艺术鉴赏能力;贤创谷课程,属科学探究课程:旨在激发学生对科学的兴趣,培养学生动手操作的能力;贤善坊课程,属人际交流、社会交往类课程,学生接触社会参加研学等社会实践活动,体会小公民的职责与义务,培养独立的生活能力,培养爱国之情;贤健湾课程,属体育以及心理健康课程,通过各种有益身心的活动,强身健体,既培养学生的体育技能,又呵护关爱他们的心灵成长。这些课程群是学校推进中观课程发展的产物,课程群建设将若干学科有序组合形成学科集群,打破现有学科单一、繁复的屏障,有利于促进学科之间的交叉、渗透与融合,形成学科之间互联互补,共生共荣机制。

　　5. 中观课程关注学科图谱。康德把图式看作是"潜藏在人类心灵深处的一种技术,一种技巧"。在皮亚杰认知发展理论中,图式是指主体内部的一种动态的、可变的认知结构。图式虽然最初来自先天遗传,但一经和外界接触,在适应环境的过程中,图式就不断变化、丰富和发展起来,不会永远停留在一个水平上。在中观课程设计中,每个学科之间联结的图谱即皮亚杰认识论中的图式。学校的"贤语园"课程、"贤智阁"课程、"贤艺林"课程、"贤创谷"课程、"贤善坊"课程、"贤健湾"课程组成六大课程群,各学科教师作为课程群成员,基于学情,在学科单元或领域模块中找到中观线索,参与编写自己的课程图谱,课程图谱中课程名称、研发者、适用年级、课程目标、课程内容、课程实施、课程评价清晰呈现，将课程按照年级分层，形成一个适应不同年龄阶段孩子的课程阶梯，孩子们沿着这个阶梯在知识的海洋遨游，探索世界的奥秘，自然的芳香。从学校课程管理来看，课程图谱理顺了各年级各班级的学习规划，每一位教师、每一位家长都能清晰地知道孩子在学校学习了什么，学校将孩子引领到何方。

6. 中观课程关注体系链接。学校依据育人目标设置各种类型的课程、确定出组织这些课程的形式以及各类课程之间的课时比例、衔接关系，从而构成课程的体系。课程、课程类型、课程之间的比例和其衔接关系是课程体系的关键要素，课程体系构筑了课程之间的关系链，各课程之间的关系链断裂会阻碍课程的实施，影响育人目标的达成。中观课程关注体系链接，致力研究中观线索，使知识形成螺旋式上升的学习链，构建多维连接、多方互动具有统整感的课程体系。中观课程要求教师站在系统的高度进行课程设计，孩子用联系的眼光看待问题。比如我们的"智创美术课程"就充分发挥学科课程群的优势，以具体有效的策略逐步培养学生自主、合作、探究的学习能力，根据儿童自身特点设置丰富多元、灵活生动的学习方式，提高儿童的学习兴趣，重视孩子们直接经验的获得，让孩子们去拥抱自然、走进社会，通过一系列的实践活动开阔孩子们的视野，增长孩子们的见识。这样的课程类型实现了儿童校内校外的知识链接，以儿童为本，让儿童用画笔描绘创想中的世界，在中观课程的实践中丰富体验、拥有收获、获得发展，拓宽儿童的生命视野，从整体上提高核心素养。中观课程加强了孩子们将学科知识与生活问题关联的能力，形成跨学科链接、跨领域链接、校内外链接等多种链接可能性。

总之，中观课程是指从中观层面上，通过对不同类型课程的合理分工与配合、融通与渗透，最终资源整合重构形成逻辑分明的新的一个整体，即中观课程体系。其与宏观课程、微观课程三位一体，发挥学校课程建设的整体功能。中观课程设计必须建立在宏观课程和各个微观课程的基础上，只有宏观课程的正确引领，每个微观课程的设计都达到目标要求，才能最终实现中观层面的目标达成。学校的中观课程设计关注点在于以中观的视角来重新定义、思考课程建设，从而重建并完善学校的教育课程体系，并引领学校内涵式发展。中观课程体系下的各个学科课程将更具有融合度、立体度、完整度，每个孩子通过中观课程的浸润，拓宽思维广度，发展核心素养,提升生命价值,实现自主和谐的发展。

　　在学校教育价值观的宏观视野内,立足学校办学理念,以育人目标的实现为追求,以中观课程设计为抓手,各个学科在对学科现状精准分析的基础上,提出统一的学科规划愿景,围绕学校学科建设促进学校学科课程的发展。通过学科课程群建设,将相关学科之间内容整合优化,使学校各学科以链条式、环环相扣的形态出现,各个学科之间纵向链接与横向联系构成体系。本书介绍了中观课程的价值链接、目标聚焦、结构耦合、学习共振、素养涵泳、思维矩阵六个方面对学校课程发展的推动,再现这场重新定位学生、教师、教与学的系统变革,描绘出持续发展、面向未来的学校愿景。

第一章

价值链接
中观课程的哲学思考

杜威认为哲学研究的根本目的是为人类有效地行动提供智慧。 课程哲学研究的使命就在于对课程目标的价值判断，以及对达到目标的手段进行合理有效的选择，它是儿童学习生长的价值原点。 哲学是课程的起点，它来源于学科课程的性质和学科课程发展理念，并具体渗透到课程建设的每一个环节中，具有明确的方向性指导作用。 中观课程哲学是中观课程的核心价值观，是对自身学科课程内容及其发展定位的一种理解，它从儿童本身的真正需求出发，打破原有界限，往融合共生处寻求发展，打造多层次的实践样态，让课程对接真实世界的挑战，使儿童通过课程中的体验，触发儿童本身具有的禀赋，最终成为儿童生命中的一束光，给予光明的启示。 它是有生命的精神，是春风化雨式的滋养，是让儿童做儿童，不断积蓄向上生长力量的最佳土壤。

➡ 尚贤德法
做一名"贤正"向上的少年

　　小学阶段是儿童品德和行为习惯、生活态度、认知能力发展的重要时期,朱永新先生曾说:"最好的教育是让孩子找到他自己,成为他自己,成就他自己。"所以,教育是否关注了孩子的精神成长,是否让儿童养成了良好的习惯、内化了优秀的品格,是衡量教育工作成功与否的标志。

　　南昌市南京路小学共有道德与法治学科教师 19 人,其中中小学高级教师 1人,中小学一级教师 11 人,中小学二级教师 7 人;全国陈香梅教育基金获得者 1人,省学科带头人 1 人,省骨干教师 1 人,市学科带头人 3 人,市骨干教师 4 人,区学科带头人 5 人,国家二级心理咨询师 3 人。我校道德与法治教研团队依据教育部《关于全面深化课程改革落实立德树人根本任务的意见》文件精神和《义务教育品德与社会课程标准(2011 年版)》要求,对课程教学内容进行科学选择和整合,在教材、教法上进行大胆改进和创新,打造我校"尚贤德法"课程,努力让每一个儿童成长为贤正向上的新时代好少年。

第一节　教育就是把儿童看作儿童

一、学科价值观

　　道德与法治课程是一门活动性课程,儿童解决问题的方式、技能,价值判断的能力、对道德原则的领悟,都可以在活动中形成。为顺应时代的需要,实现道德与法治的内在融合,引导儿童积极主动地生活,学会有创意地生活,我们的课程紧紧围绕"立德树人"根本任务,秉承"养贤正之气,育贤善之人"的办学理念,努力把每一个儿童培养成贤正向上的新时代好少年。

二、 学科课程理念

　　法国教育家卢梭指出："在万物的秩序中，人类有它的地位；在人生的秩序中，童年有它的地位；应当把成人看作成人，把孩子看作孩子。"每一个儿童都是带着先天的学习潜能与童年生活经历相互作用所积累起来的经验来到学校，我们的教育不仅要丰富儿童已有的经验，进而使之得到发育、成长，结出新的"果实"，更要以这些经验为"土壤"，植入新的"种子"，使已有经验和新的"种子"相互配合，从而结出丰硕的"果实"，基于此，我校道德法治学科提出以"尚贤德法"为核心的学科理念。"尚贤德法"课程旨在追求让儿童"做一名贤正向上的少年"的精神境界。

（一） 注重生活性，使道德与法治教学源于生活又回归生活

　　本课程是以儿童的现实生活为基础的，因此，教育的内容和形式必须贴近儿童的生活，让课程与生活携手并进，提高教育的针对性和实效性。如《安全记心上》一课，教师联系当地交通情况，用一张真实的照片——本校几名儿童在一条马路上玩滑板车的情景，导入新课，这样就把儿童"放在"了他们的日常生活中，拉近了课堂教学与儿童生活的距离，调动了儿童学习的积极性。知识闯关结束后，又回到了这张照片：如果你是小交警，你怎样劝告他们，让他们离开这里？这就把儿童又带回这个真实的生活情境中，让他们进行角色体验。儿童在调查、交流的过程中，深深体会到交通事故的危害性和严重后果，明白遵守交通规则的重要性。这些教学内容都来自儿童真实的生活，而只有源于他们实际生活的教育活动，才能真正引发他们内心的道德情感、道德体验和道德认知，体现了道德与法治教学源于生活又回归生活的理念，从而引导学生在生活中发展，在发展中生活。

（二） 注重课程资源的开发利用，保证教学目标的有效落实

　　《义务教育品德与社会课程标准(2011年版)》中提出，能否积极有效地开发利用各种课程资源，关系到本课程性质、目标的实现，制约着课程实施的质量。叶圣陶先生也说过："教材只能作为教课的依据，要教得好，使学生受益，还要靠教师善于运用。"这些论述都充分告诉我们，要联系儿童的生活实际，创造性地开发使用教

材,才能更好地达到我们的教学目标。因此,我们道德与法治课程不仅要包括课本内容,还要充满生活内容、现实内容,让儿童感受到时代气息。如《请到我的家乡来》一课,在开展"家乡特产探一探"活动中,有的儿童在家中利用网络资源或手机APP搜索到许多家乡特产,这不仅加深了他们对家乡的了解和认识,激发了他们对家乡的热爱之情,更唤起了他们对家乡的自豪感。教师突破了教材局限,根据教学需要和自身特点、儿童实际以及本地具体情况,合理开发利用了多样的、开放的课程资源,保证了教学目标的全面有效落实。

（三）注重活动性，促进学生知、情、意、行的协同发展

　　活动,是本课程最基本的教学形式,是教和学共同的媒介。《义务教育品德与社会课程标准(2011年版)》中也明确提出:"以儿童直接参与的丰富多彩的活动为主要教学形式,强调寓教育于活动之中。"我们根据教育主题精心设计了各种活动,这些活动都蕴含着丰富的品德教育因素,儿童通过参与活动,获得亲身体验,发展了个性思维和能力,促进了知、情、意、行的协同发展。如《我爱我们班》一课,为了让儿童学会发现、欣赏自己和别人的优点与长处,并以此激励自己不断进步,老师设计了"说优点、猜同学""夸同桌""学榜样、我成长"等活动,通过这一系列活动引导儿童用发现的眼光去积极观察和找寻周围人身上的优点和长处,提高认识他人的观察水平和鉴别能力,并能以恰当的方式表达自己的赞美之情……儿童在活动中获得了真实体验,达到知行统一。

（四）注重活动的延续性，促进学生良好行为习惯和道德品质的形成

　　儿童良好行为习惯的形成,光靠在教室里上一节课是不行的,课堂上所获得的道德认知和行动欲望,还必须靠课后开展行之有效的活动来巩固。道德与法治课非常注重课后拓展活动的设计,以实现课外践行和课内认知的有机结合,体现道德与法治教育意义的可持续性和道德与法治教学回归生活的理念。

　　总之,我们的道德与法治课程立足于每一个儿童的发展,用爱与责任,用爱心与耐心,关注儿童成长的每一个阶段,把儿童看作儿童,努力让每一个儿童都能够学会肯定自己、接纳自己,有自信成为更好的自己。

第二节　培育"贤正"向上的少年

一、学科课程总体目标

　　道德与法治课程是一门以儿童的生活为基础,以培养具有良好品德与行为习惯、乐于探究、热爱生活的儿童为目标的活动型综合课程。参照《义务教育品德与社会课程标准(2011年版)》的整体设计,道德与法治学科的总目标具体如下:

（一）情感态度价值观

　　1. 珍爱生命,热爱生活,养成自尊自律乐观向上、勤劳朴素的态度。

　　2. 爱亲敬长,养成文明礼貌、诚实守信、友爱宽容、热爱集体、团结合作、有责任心的品质。

　　3. 初步形成规则意识和民主、法治观念,崇尚公平与公正。

　　4. 热爱家乡,珍视祖国的历史与文化,具有中华民族的归属感和自豪感,尊重不同国家和民族的文化差异,初步形成开放的国际视野。

　　5. 具有关爱自然的情感,逐步形成保护生态环境的意识。

（二）能力与方法

　　1. 养成安全、健康、环保的良好生活和行为习惯。

　　2. 初步认识自我,掌握一些调整自己情绪和行为的方法。

　　3. 学会清楚地表达自己的感受和见解,倾听他人的意见,体会他人的心情和需要,与他人平等地交流与合作,积极参与集体生活。

　　4. 学习从不同的角度观察社会事物和现象,对生活中遇到的道德问题作出正确的判断,尝试合理地、有创意地探究和解决生活中的问题,力所能及地参与社会公益活动。

　　5. 初步掌握收集、整理和运用信息的能力,能够选用恰当的工具和方法分析、说明问题。

（三）知识

1. 理解日常生活中的道德行为规范和文明礼貌，了解未成年人的基本权利和义务，懂得规则、法律对于保障每个人的权利和维护社会公共生活具有重要意义。

2. 初步了解生产、消费活动与人们生活的关系，知道科学技术对生产和生活的重要影响。

3. 知道一些基本的地理常识，初步理解人与自然、环境的相互依存关系，了解人类共同面临的人口、资源和环境等问题。

4. 了解家乡的发展变化，了解一些我国历史常识，知道在历史发展过程中形成的中华民族优秀文化和革命传统，了解影响我国发展的重大历史事件和社会主义建设的伟大成就。

5. 初步了解影响世界历史发展的一些重要事件，知道不同环境下人们有不同的生活方式和风俗习惯，懂得不同民族、国家和地区之间相互尊重、和睦相处的重要意义。

二、 学科课程年段目标

我们试图通过道德与法治课程的学习，让儿童的品德和行为习惯、生活态度、认知能力得到提升和发展。我们依据《义务教育品德与社会课程标准（2011 年版）》、教材和教学用书的要求，结合我校道德与法治学科课程总目标和 1—6 年级的学情，设置了道德与法治课程年级目标，详见表 1－1。

表 1－1　"尚贤德法"各年段课程目标表

年级	课 程 目 标
一年级	1. 理解学生身份，认识新同学，结交新朋友。 2. 清楚要遵守的交通规则，学会保护自己。 3. 了解学校空间布局，了解校园生活的一般规则。 4. 养成早睡早起、规律作息的生活习惯，养成良好的饮食卫生习惯。 5. 亲近大自然，爱护动物，感受大自然的变化，理解季节变化对生活的影响。 6. 学习整理自己的用品，初步形成自主生活的意识与能力。 7. 懂得同学间要团结友爱、相互帮助、讲文明礼貌，并乐于分享。 8. 热爱劳动，爱护周围的环境卫生，有环保意识。

续　表

年级	课 程 目 标
二年级	1. 合理安排自己的闲暇生活，能够在成人帮助下确定自己的生活目标，并努力实现。 2. 喜欢集体生活，爱护班级荣誉，自觉主动地承担班级岗位。 3. 遵守公开场所的文明规则，遵守公共生活秩序，懂得文明礼仪。 4. 了解家乡大概的地理位置、风貌，了解家乡的物产，感受家乡的发展变化。 5. 敢于尝试新鲜事物，乐于在游戏中创新与探究。 6. 认识生活中的各种资源，有保护环境的意识与行动。 7. 培养自信心，积极克服学习中的困难。
三年级	1. 明确学习的意义，养成良好的学习习惯，体验学习的快乐。 2. 理解教师，体谅教师，懂得学校对自己成长的重要意义。 3. 感受父母长辈的养育之恩，了解父母的心声，尝试与父母沟通。 4. 体会生命来之不易，有安全意识和基本的自护自救能力。 5. 学习做有诚信的人，学会和同学平等相处。 6. 了解本地区的自然环境和经济特点及其与人们生活的关系。 7. 体验公共设施给人们生活带来的便利，能够自觉爱护公共设施。
四年级	1. 关心集体，热爱班级，积极参加集体活动，遵守活动规则和学校纪律。 2. 懂得体谅与体贴父母，主动承担力所能及的家务劳动。 3. 认识网络与人们生活的关系，学习网络世界规则，正确对待网络游戏。 4. 增强环境保护意识，认识垃圾分类、回收、循环再利用的意义，并学会节约资源。 5. 学会恰当地表达自己的看法，与朋友之间友好沟通。 6. 做一个诚信的人，在与人交往时，做到宽以待人、严以律己。 7. 体验合作的意义和乐趣，用乐于协商的方式解决问题，培养善于合作的能力。
五年级	1. 尝试自己解决问题，体验克服困难、取得成功的乐趣。 2. 关心集体，参加集体活动，维护集体荣誉。 3. 知道我国的地理位置、领土面积、海陆疆域、行政区划。 4. 了解中华民族对世界文明的重大贡献。 5. 懂得体会家人的爱，了解并理解家风背后的中华民族传统美德以及中华民族精神。 6. 懂得在公共场合展示良好的形象，懂得自觉遵守公共秩序。 7. 探究不同阶段不同人物的不同追梦之路，增强爱国情怀。
六年级	1. 认识法律，懂法知法，将生活与法律建立联系。 2. 了解公民的权利与义务，识记国家机构的含义、组织体系、设置。 3. 增强运用法律保护自己合法权益的意识和能力，知道未成年人受家庭保护、学校保护、社会保护和司法保护。 4. 在学习和生活中，知道怎样尊重他人，培养尊重他人的品德。 5. 懂得反思的意义，养成反思的行为习惯，学习从不同的角度反思自己。 6. 了解自然灾害，了解当前地球所面临的重大问题，树立环境忧患意识。

第三节　倾听儿童成长的律动

　　基于"尚贤德法"的课程理念,在坚持国家课程方案基本模块结构的基础上,我校努力实现学科课程与活动课程、基础课程与拓展课程的有机统一,立足于儿童的终身发展,为儿童打造适应其生命需求的个性化课程。

一、学科课程结构

　　我校"尚贤德法"课程从"道德、传承、法治、爱国"四个方面构建学科课程结构,具体见图1-1。

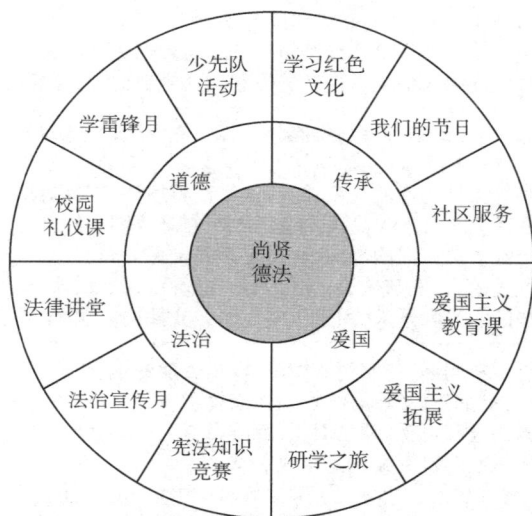

图1-1　"尚贤德法"课程结构图

（一）道德

　　通过国家课程"道德与法治",提升每一个儿童的道德修养,通过校本课程"少先队活动",培养每一个儿童的道德情操,形成正确的道德观念,自觉践行良好的道德规范。

（二）传承

通过国家课程"道德与法治"，让每一个儿童了解本地区自然环境和经济特点及其与人们生活的关系，感受本地区日新月异的变化和发展进程，了解对本地区发展有贡献、有影响的人物，激发对家乡的热爱之情。通过校本课程"红色江西"，让儿童学习江西的红色文化，让"八一精神"和"井冈山精神"代代传承。

（三）法治

通过国家课程"道德与法治"，了解对未成年人的法律保护，崇尚法治精神，懂法知法。同时，在法律讲堂中，学习将生活与法律建立联系。

（四）爱国

通过国家课程"道德与法治"，感受祖国疆域的辽阔，认识祖国壮丽的山河，了解灿烂辉煌的各民族文化，从而产生民族自豪感和民族责任感。通过爱国主义教育课，激发爱国热情，培养爱国情怀。

二、 学科课程设置

我校道德与法治教研组依据各年级儿童身心发展特点和课程的内在逻辑，进行分年级的课程设置，具体见表1-2。

表1-2 "尚贤德法"各年级课程设置表

年级	学习目标	学期	活 动 设 计
一	通过深入开展"五爱"教育活动，培养学生学习兴趣、养成学生遵守课堂纪律(不迟到、不旷课、不玩手机)、促进学生养成良好的学习习惯。	上	1. 校园礼仪课(校规) 2. 爱国主义教育课(少先队知识) 3. 习惯养成课(生活好习惯) 4. 国家课程(语文、音乐、美术、科学) 5. 地方课程(少先队活动) 6. 综合实践课程(社会实践 爱国主义拓展) 7. 庆元旦,迎新年

年级	学习目标	学期	活动设计
		下	1. 校园礼仪课(课堂礼仪) 2. 学雷锋月活动 3. 习惯养成课(文明好习惯) 4. 国家课程(语文、音乐、美术、科学) 5. 地方课程(少先队活动) 6. 社区服务活动 7. 劳动节,劳动最光荣
二	通过"五爱教育活动",引导学生积极参加劳动体验活动,养成尊重劳动、尊重劳动成果和尊重劳动人民的思想感情,树立劳动光荣的理念,培养爱劳动的良好习惯。	上	1. 校园礼仪课(学习校园文化) 2. 爱国主义教育课(国旗、国歌、国史等) 3. 劳动卫生课 4. 国家课程(语文、音乐、美术、科学) 5. 地方课程(少先队活动) 6. 综合实践课程(社会实践、爱国主义拓展) 7. 九九重阳节,浓浓敬老情
		下	1. 校园礼仪课(学习校园文化) 2. 学雷锋月活动 3. 爱国主义教育课(国旗、国歌、国史等) 4. 国家课程(语文、音乐、美术、科学) 5. 地方课程(少先队活动) 6. 社区服务活动 7. 温情五月天,感恩母亲节
三	通过深入开展"五爱"教育活动,教育广大学生坚持社会主义核心价值观和中国传统伦理道德观、坚定爱国信念,把个人的学习成长和国家的前途命运结合起来。	上	1. 公共礼仪课(交通规则记心间) 2. 人际交往课(团结友爱) 3. 安全出游课 4. 国家课程(语文、音乐、美术、科学) 5. 地方课程(少先队活动) 6. 综合实践课程(社会实践、爱国主义拓展) 7. 传承文明颂祖国
		下	1. 公共礼仪课(集会规则) 2. 学雷锋月活动 3. 安全出游课 4. 地方课程(少先队活动) 5. 社区服务活动 6. 植树节,环保在我心中

续　表

年级	学习目标	学期	活 动 设 计
四	爱祖国、爱人民、爱劳动、爱科学、爱社会主义、了解中国传统佳节，从做中学。	上	1. 道德讲堂 2. 庆国庆，学国史 3. 大队委培训课程 4. 国家课程(语文、音乐、美术、科学) 5. 地方课程(少先队活动) 6. 综合实践课程(社会实践、爱国主义拓展) 7. 红色江西(英雄城南昌)
		下	1. 道德讲堂 2. 清明祭先烈、爱国主义教育(清明) 3. 大队委培训课程 4. 地方课程(少先队活动) 5. 研学之旅 6. 学雷锋月活动
五	爱祖国、爱人民、爱劳动、爱科学、爱社会主义、了解中国传统佳节，从做中学。	上	1. 法律讲堂 2. 除封建、文明祭扫(冬至) 3. 大队委培训课程 4. 国家课程(语文、音乐、美术、科学) 5. 地方课程(少先队活动) 6. 综合实践课程(社会实践、爱国主义拓展) 7. 红色江西(革命摇篮井冈山)
		下	1. 法律讲堂 2. 庆五一，爱劳动 3. 大队委培训课程 4. 国家课程(语文、音乐、美术、科学) 5. 地方课程(少先队活动) 6. 研学之旅 7. 学雷锋月活动
六	爱祖国、爱人民、爱劳动、爱科学、爱社会主义、了解中国传统佳节，从做中学。	上	1. 法律讲堂 2. 尊老爱幼，怀感恩之心(冬至) 3. 大队委培训课程 4. 国家课程(语文、音乐、美术、科学) 5. 地方课程(少先队活动) 6. 综合实践课程(社会实践、爱国主义拓展) 7. 三色江西爱家乡(瓷都婺源)

续　表

年级	学习目标	学期	活　动　设　计
		下	1. 法律讲堂 2. 爱国诗人——屈原(端午节) 3. 大队委培训课程 4. 国家课程(语文、音乐、美术、科学) 5. 地方课程(少先队活动) 6. 研学之旅 7. 学雷锋月活动

第四节　关注儿童的全面发展

　　道德与法治学科课程的实施,以落实社会主义核心价值观为导向,遵循儿童心理发展水平和认知特点,引导儿童从不同角度、不同侧面感悟和践行社会主义核心价值观,努力做到"内化于心,外化于行"。真真切切地关注儿童的全面发展,努力让每一个儿童都成为贤正向上的新时代好少年。

一、 建构"尚贤课堂",落实学科基础课程

　　"尚贤课堂"是我校的道德与法治特色课堂,是法治教育与道德教育相融合的课堂,是将法治教育与儿童的现实生活相结合的课堂,是把儿童看作儿童,与儿童平等对话,陪伴儿童道德成长的课堂。

(一)"尚贤课堂"的基本要求

　　"尚贤课堂"应当注重将儿童生活的知、情、行整合起来,使儿童形成稳定的道德品质。同时,将儿童的生活与法律建立联系,把法律的约束力量、底线意识与道德教育的感化力量、提升精神紧密结合,既要为儿童法治意识的建立奠定基础,又要为儿童的道德发展服务。

　　"尚贤课堂"必须贯穿于儿童课内外的所有生活领域,由儿童的课内生活走进

他们的现实生活，使课中所学、所得、所感、所悟，真正转变为课后所用、所做、所行、所为。

"尚贤课堂"是把儿童看作儿童，与儿童平等对话，陪伴儿童的道德成长的课堂。教师需要结合不同年龄段儿童的生理和心理特征，归纳出本地区儿童的生命现状，了解儿童生命成长的需求。站在生命需求的角度上，努力使每一个单元的内容都能满足儿童各方面的需求。

（二）"尚贤课堂"的评价标准

1. 把单元主题与儿童的个性特点结合起来。采用单元主题学习，教师在评价儿童学习的时候，既要关注所有儿童都要达到的共同目标，又要关注不同儿童对该主题的独特表现和各自不同的优势。

2. 既关注目标及内容的整体性，又有所侧重、突出重点。把"情感与态度""行为与习惯""知识与技能""过程与方法"四个方面的目标有机结合，在确定一个主题学习的评价目标时，既要关注目标的整体性，又要避免平均主义，要根据主题的性质和特点突出重点目标。如在社会调查类活动中，可以在"过程与方法"方面有所侧重；在节日庆典类活动中，可在"情感与态度"方面有所侧重。

3. 把预设目标和活动的生成性结合起来。在活动评价时，既要关注活动的既定目标，又不应拘泥于此，仅仅根据预设目标的达成度来评价活动的成功与否。充分重视活动的生成性和儿童的实际表现，把预设与生成结合起来。

二、 打造"尚贤课程"，丰富学科拓展课程

依托国家课程，"尚贤课程"准确把握道德与法治学科的内涵和外延，开展丰富多彩的主题活动，让儿童在拓展课程的学习中逐渐成长为一名贤正向上的少年。

（一）"尚贤课程"的实施

1. 聚焦育人目标。道德与法治课程是一门活动性课程，活动对儿童道德与法治观念的发展起着重要的作用，并且，这些活动应指向综合性的实践智慧的获得。"尚贤德法"课程群以让每一个儿童成长为贤正向上的新时代好少年为目标，既要

关怀儿童生命成长的需要,又要引导儿童认识自己,不断提升自己。

2. 建构课程链条。"尚贤课程"的出发点和归宿都是儿童,把儿童看作儿童,同时,最大限度地顾及到各个学段儿童的特点,开发与学科课程紧密衔接的课程内容,形成环环相扣、梯度渐进的道德与法治课程链条。

3. 进行整合优化。"尚贤课程"整合现有道德与法治课程资源,精心设计,活用生活资源,大胆创新,选用辅助资源,同时,调动一切资源开发微课程,使课程结构更加科学有效。

(二)"尚贤课程"的评价标准

"尚贤课程"在评价上,关注:课程目标是否明确;课程设计是否符合学校整体规划要求;课程设置体系是否完整、有效;课程计划是否科学合理,课程开设的条件是否满足等方面,具体见表1-3。

表1-3 "尚贤课程"评价量表

一级指标	二级指标	赋分（总分100分）
课程目标明确且促进儿童素质全面提升。	1. 目标明确,符合儿童的实际。 2. 引导儿童认识自己,挑战自我,不断提高儿童的思维能力和实践能力。	20
课程设计体现教育课程改革的思想且符合学校整体课程计划的要求。	1. 充分体现道德与法治课应有的教育价值,与时俱进。 2. 与学校课程改革思想、整体课程改革要求一致。	20
课程设置的知识体系完整且与学校课程平台设置一致。	1. 准确把握教学内容,兼顾各学段儿童的特点,遵循教育教学的规律。 2. 各项教学活动科学、有序,关注不同层次的儿童,为儿童提供独立思考、自主探究、合作交流、动手实践的空间。	20
课程计划科学合理且适应儿童发展水平。	1. 关注引导儿童情感态度价值观的形成,课程计划的制订有利于促进课程目标的实现。 2. 课程计划要对课程的设计进行及时调整,尊重儿童,以人为本。	20

续　表

一级指标	二级指标	赋分 （总分 100 分）
具有充分且完备的支撑课程开设的条件和基础。	1. 教师需要具有一定的知识储备,儿童需要做好相应的知识准备。 2. 学校现有的条件完全能够支持课程的开设。	20

三、 创立"尚贤社团"，发展兴趣爱好课程

我校师生携手创立"尚贤社团",在发展儿童天性的基础上,带领儿童开展形式多样且趣味盎然的活动,使儿童的综合素质和道德修养得到进一步提升。

（一）"尚贤社团"的主要类型

为拓宽教学内容,提高儿童的道德素养,增强儿童的法治意识,促进儿童的全面发展,我校开设了以下几个社团。

1. 尚贤礼仪社：在一、二年级创设,从"坐、立、行"起步,培养儿童良好的行为习惯。通过说相声,演小品等活动形式,宣扬"真""善""美",批评"假""恶""丑"。

2. 尚贤义工社：在三、四年级创设,小义工们利用寒暑假、节假日,走进社区、敬老院、福利院,为孤寡老人和弱势群体送温暖。同时,小义工们利用闲暇时间,在老师的带领下参与校园周边的交通文明执勤,关注道路交通安全。

3. 尚贤普法社：在五、六年级创设,邀请法治宣讲员走进法律讲堂,组织模拟法庭,传播法治观念。制作普法手抄报,向社区居民宣传法律常识。在校园内,定期开展宪法知识竞赛。

（二）"尚贤社团"的评价要求

1. 组织建设方面：社团有规范明确的规章制度,有具体详细的活动目标,有科学合理的活动计划。

2. 落实方面：活动方案可操作性强,活动过程条理清晰,活动总结及时到位。

在社团活动过程中,教师能进行有效的指导,帮助儿童发挥特长。

3. 活动成效方面:儿童积极参与,师生互动良好,生生合作愉悦,充分锻炼儿童的能力,获得家长和社会的一致好评。

第五节　拓宽儿童的学习空间

一、 价值引领

我校提出"尚贤德法"的学科理念,立足于课程的基本性质:实践性、活动性、开放性和综合性,充分开发利用校内外课程资源,着力拓宽儿童学习的空间,积极构建开放的道德与法治课程体系,倡导多元化的道德与法治学习方式,彰显学校道德与法治学科的新主张。

在我们的"尚贤德法"课程体系中,通过开展丰富多样的德育活动构建儿童正确的世界观、人生观和价值观,努力让每一个儿童成长为贤正向上的新时代好少年。

二、 团队建设

为提升组内教师的教育教学水平,我们抓好落实道德与法治学科组建设,积极开展道德与法治学科组教研活动;进行经常性的组内听课、评课,经常采取走出去、请进来的教学交流方式,努力吸收先进的教学手段和理念;组织教师积极参加理论学习和聆听专家讲座,努力提升教育教学理论水平。对组内各成员而言,要认真做好教学常规工作,精心准备好每一堂课,让儿童充分感受道德与法治的魅力。促进青年教师的快速成长;积极撰写教育教学论文,提升自己的教育教学理念。积极参加各级各类教学比赛和评比活动,努力提高个人教学水平。合理规划个人发展目标,以目标促行动,以目标促发展。

三、 学科教研

着力为教师搭建平台,让教师有更多机会展示、观摩、交流和学习,并鼓励积极参加各级评优课、基本功竞赛、学科课题研究等。全力支持教师参与业务进修，多渠道提高学历层次和业务水平，并通过外出参观学习，培训学习获得更多的先进理念和开阔的专业视野。同时通过开展校本研修，课例研究，培训和反思，及时总结和归纳，梳理并提炼教师教学经验，促使教师努力形成个体独特的教学智慧，力争形成教师个体和教研组的教学风格。

四、 课题研究

以课程开发为契机，积极申报省市级研究课题，设立子课题进行相关研究。提高学科的课题研究能力，为道德与法治课程发展做出应有的贡献。

综上所述，我校道德与法治学科基于教育部《关于全面深化课程改革落实立德树人根本任务的意见》和《义务教育品德与社会课程标准(2011年版)》要求，结合学校自身特点以及儿童品行的发展要求，确定"尚贤德法"的学科理念。我们在"尚德立志，善学求真"的校训引领下，聚焦儿童的成长与发展，在课程变革的道路上一直孜孜以求，勇于探索。在"尚贤德法"课程体系的学习中，我们始终坚持"立德树人"，始终坚信"以人为本"，把儿童看作儿童，在一个个生动和谐的教学磁场中，努力提升儿童的思想道德修养，全面促进儿童的身心健康协调发展，竭尽所能让每一个儿童成长为贤正向上的新时代好少年。

第二章

目标聚焦
中观课程的育人指向

泰勒说："教育是一种改变人们行为模式的过程。"课程即引领，是儿童生长的过程。中观课程的实现手段在于整合学科课程，提倡深度学习和个性化学习，在实践过程中使儿童世界得到丰富和扩展，目标聚焦在引领儿童通过课程的充分学习，在提升综合性的学科核心素养的内核基础上进一步唤醒内心潜能，激发个体生命，提升思维力、创造力、批判力、想象力，最终致力于提升儿童内在的生长力，为儿童的本性自由的生长奠基，使其拥有自信于立足未来、拥抱未来、开拓未来的行为能力。课程应以儿童为本位，让儿童按照其本性有规律地自然生长，满足全面而个性化发展的需求，陶冶出善良、丰富、高贵的贤士灵魂，中观课程建设也必须从这个教育原点出发。

➡ 活数学
学活数学，活用数学

　　南昌市南京路小学共有 25 名数学教师,其中中小学高级教师 1 名,中小学一级教师 18 名,中小学二级教师 6 名,全国优秀教师 1 人,南昌市骨干教师 1 人,东湖区学科带头人 1 人,东湖区骨干教师 4 人。多人次参加省、市、区各级数学优质课比赛获得一、二等奖,多项教学成果获省级、市级奖,多篇论文获省、市、区级奖项。

　　学校数学教研组以《教育部关于全面深化课程改革落实立德树人根本任务的意见》《义务教育数学课程标准(2011 年版)》为引导,以儿童的现实情况为基础,以发展儿童的数学素养为目标,结合学校的实际情况,深入解读教材,研究教法学法,以此来推动数学课程品质的再提升。

第一节　让数学彰显活力

一、学科价值观

　　《义务教育数学课程标准(2011 年版)》指出:"数学是研究数量关系和空间形式的科学。数学与人类发展和社会进步息息相关,随着现代信息技术的飞速发展,数学更加广泛应用于社会生产和日常生活有的各个方面。数学作为对于客观现象抽象概括而逐渐形成的科学语言与工具,不仅是自然科学和技术科学的基础,而且在人文科学与社会科学中发挥着越来越大的作用。特别是 20 世纪中叶以来,数学与计算机技术的结合在许多方面直接为社会创造价值,推动着社会生产力的发展。"

　　"数学是人类文化的重要组成部分,数学素养是现代社会每一个公民应该具备的基本素养。""义务教育阶段的数学课程是培养公民素质的基础课程,具有基础性、普及性和发展性。""义务教育的数学课程能为儿童未来生活、工作和学习奠定重要的基础。"

通过"活数学"课程的实施,使儿童掌握必备的基础知识和基本技能;培养儿童的抽象思维和推理能力;培养儿童的创新意识和实践能力;促进儿童在情感、态度与价值观等方面的发展。

二、 学科课程理念

我校数学教研组在不断的教学实践中,明确提出"活数学"的学科理念,"活数学"的课堂旨在追求"在玩中学活数学"的境界,使儿童在玩的过程中提升数学学科素养,追求小学数学教育的真义,让儿童在学活中聪颖,在活用中成长。

(一)"活数学"是丰富知识的数学

"活数学"强调学活数学,强调数学与其他学科及客观现实世界的联系,倡导在深入解读教材,合理使用教材的基础上丰富数学的学科知识,进一步建立数学与生活实际、数学与其他学科的联系。

(二)"活数学"是提高兴趣的数学

数学本是一门枯燥无味的学科,特别是学习数学理论知识更是如此。因此,很多儿童对学习数学的理论知识不甚感兴趣,更谈不上积极性。"活数学"致力于为儿童创设快乐的学习环境,在玩中乐,在玩中学,激发他们浓厚的兴趣,使儿童变被动学习为主动学习。

(三)"活数学"是促进思维的数学

"活数学"要求教师积极创造数学活动的条件,用更多的实践活动给儿童带来全新的直观感受,让儿童用数学语言和符号作为思维的载体对数学知识进行探究和学习,儿童在获取数学知识技能的同时,经历完整的思考过程,在独立思考、互相交流中不断强化儿童的思维记忆,提升思维的经纬度。

（四）"活数学"是增长能力的数学

　　《义务教育数学课程标准(2011年版)》指出："在数学课程中,应当注重发展儿童的数感、符号意识、空间观念、几何直观、数据分析观念、运算能力、推理能力和模型思想。为了适应时代发展对人才培养的需要,数学课程还要特别注重发展儿童的应用意识和创新意识。""活数学"注重培养儿童运算、推理、分析、创新、应用等能力。通过对数学的活学活用,提升儿童的数学能力和数学素养。

　　我校数学课程秉持"学活数学,活用数学"的学科理念,面向全体儿童,适应儿童个性发展的需要,在课程实施过程中,以玩促学,帮助儿童找到适合自己的学习方法,不断建构属于自己的知识体系,逐步提升数学素养,人人都能获得良好的数学教育,不同的人在数学上得到不同的发展。

第二节　学活数学促活用数学

　　《义务教育数学课程标准(2011年版)》提出："数学课程能使儿童获得适应社会生活和进一步发展所必需的数学基础知识、基本技能、基本思想、基本活动经验;体会数学知识之间、数学与其他学科之间、数学与生活之间的联系,运用数学的思维方式进行思考,增强发现和提出问题的能力、分析和解决问题的能力;了解数学的价值,提高学习数学的兴趣,增强学好数学的信心,养成良好的学习习惯,具有初步的创新意识和实事求是的科学态度。"

一、　学科课程总体目标

　　学校依据课程标准和学科特点具体从四个方面确立课程的总目标。

（一）知识技能

　　"经历数与代数的抽象、运算与建模等过程,掌握数与代数的基础知识和基本技能;经历图形的抽象、分类、性质探讨、运动、位置确定等过程,掌握图形与几何的基础知识和基本技能；经历在实际问题中收集和处理数据、利用数据分析问题、获取信息的过程，掌握统计与概率的基础知识和基本技能；参与综合实践活动，积累综合运用数学知识、技能和方法等解决简单问题的数学活动经验。"

（二）数学思考

"建立数感、符号意识和空间观念，初步形成几何直观和运算能力，发展形象思维与抽象思维；体会统计方法的意义，发展数据分析观念，感受随机现象；在参与观察、实验、猜想、证明、综合实践等数学活动中，发展合情推理和演绎推理能力，清晰地表达自己的想法；学会独立思考，体会数学的基本思想和思维方式。"

（三）问题解决

"初步学会从数学的角度发现问题和提出问题，综合运用数学知识解决简单的实际问题，增强应用意识，提高实践能力；获得分析问题和解决问题的一些基本方法，体验解决问题方法的多样性，发展创新意识；学会与他人合作交流；初步形成评价与反思的意识。"

（四）情感态度

"积极参与数学活动，对数学有好奇心和求知欲；在数学学习过程中，体验获得成功的乐趣，锻炼克服困难的意志，建立自信心；体会数学的特点，了解数学的价值；养成认真勤奋、独立思考、合作交流、反思质疑等学习习惯，形成实事求是的科学态度。"

以上四个方面不是相互独立和割裂的，而是一个密切联系、相互交融的有机整体。

二、学科课程年段目标

依据如上课程总目标，根据学校实际，"活数学"从"数学核心素养"这一核心概念出发，进一步细化课程年级目标。见表2-1。

表 2-1　"活数学"各年段课程目标表

年级	学期	知识技能	数学思考	问题解决	情感态度
一年级	上学期	经历从日常生活中抽象出数的过程;经历从实际物体中抽象出简单几何体和平面图形的过程。	在运用数及适当的度量单位描述现实生活中的简单现象。	能在教师的指导下,从日常生活中发现简单的数学问题。	对身边与数学有关的事物有好奇心。
	下学期	理解万以内数的意义;了解一些简单几何体和常见的平面图形。	对运算结果进行估计的过程中,发展数感。	能在教师的指导下,从日常生活中提出简单的数学问题,并尝试解决。	能参与数学活动。
二年级	上学期	初步认识分数和小数;感受平移、旋转、轴对称现象。	在从物体中抽象出几何图形、想象图形的运动和位置的过程中,发展空间观念。	了解分析问题和解决问题的一些基本方法。	在他人帮助下,感受数学活动中的成功。
	下学期	理解常见的量;认识物体的相对位置。	能对调查过程中获得的简单数据进行归类,体验数据中蕴含的信息。	知道同一个问题可以有不同的解决方法。	在他人帮助下,能尝试克服困难。
三年级	上学期	体会四则运算的意义,掌握必要的运算技能;掌握初步的测量、识图和画图的技能。	在观察、操作等活动中,能提出一些简单的猜想。	体验与他人合作交流解决问题的过程。	了解数学可以描述生活中的一些现象,感受数学与生活有密切联系。
	下学期	在具体情境中,能进行简单的估算。经历简单的数据收集、整理、分析的过程,了解简单的数据处理方法。	会独立思考问题,表达自己的想法。	尝试回顾解决问题的过程。	能倾听别人的意见,尝试对别人的想法提出建议,知道应该尊重客观事实。

续　表

年级	学期	知识技能	数学思考	问题解决	情感态度
四年级	上学期	体验从具体情境中抽象出数的过程；掌握必要的运算技能；探索一些图形的形状、大小和位置关系。	初步形成数感和空间观念。	尝试从日常生活中发现并提出简单的数学问题。	愿意了解社会生活中与数学相关的信息。
	下学期	认识万以上的数；掌握必要的运算技能；了解一些几何体和平面图形的基本特征；经历数据的收集、整理和分析的过程。	感受符号和几何直观的作用。	尝试从日常生活中发现并提出简单的数学问题，并运用一些知识加以解决。	愿意了解社会生活中与数学相关的信息，主动参与数学学习活动。
五年级	上学期	理解分数的意义；理解估算的意义；体验简单图形的运动过程。	进一步认识到数据中蕴含的信息，发展数据分析观念。	能探索分析和解决简单问题的有效方法。	在他人的鼓励和引导下，体验克服困难、解决问题的过程。
	下学期	理解小数的意义；理解估算的意义；能在方格纸上画出简单图形运动后的图形；掌握一些简单的数据处理技能。	感受随机现象；在观察、实验、猜想、验证等活动中，发展合情推理能力。	能探索分析和解决简单问题的有效方法，了解解决问题方法的多样性。	在他人的鼓励和引导下，体验克服困难、解决问题的过程，相信自己能够学好数学。
六年级	上学期	理解百分数的意义；能用方程表示简单的数量关系；了解确定物体位置的一些基本方法。	能进行有条理的思考，能比较清楚地表达自己的思考过程与结果。	经历与他人合作解决问题的过程，尝试解释自己的思考过程。	在运用数学知识和方法解决问题的过程中，认识数学的价值。

续　表

年级	学期	知识技能	数学思考	问题解决	情感态度
	下学期	了解负数;能解简单的方程;掌握测量、识图和画图的基本方法;能借助计算器解决简单的应用问题。	会独立思考,体会一些数学的基本思想。	能回顾解决问题的过程,初步判断结果的合理性。	初步养成乐于思考、勇于质疑、实事求是等良好品质。

第三节　建构"活数学"学习图景

一、 学科课程结构

依据《义务教育数学课程标准(2011 年版)》,我校的数学课程是按照年级来设计的。拓展课程是依据《义务教育数学课程标准(2011 年版)》、小学儿童的年龄发展特点以及我校的育人目标而自主开发,拓展课程分为"活运算""活图形""活统计""活实践"四大类别,具体描述见图 2-1。

图 2-1　"活数学"课程结构图

（一）活运算

内容为数的运算及和运算相关联的趣味游戏等。"数与代数"是小学数学基础课程的重要领域,开设与"数与代数"相关联的拓展课程,旨在建立儿童的数感,发展儿童的运算能力，激发儿童学习数学的兴趣，更有助于儿童理解运算的算理，寻求合理简洁的运算途径解决问题。

（二）活图形

内容为拼搭图形、创造图形，以及设计创造空间模型。"图形与几何"是小学数学基础课程的重要领域，开设"图形与几何"相关联的拓展课程，注重发展儿童的空间观念，经历拼搭图形的过程，体会图形之间的联系与变化，在活动中提高动手操作的能力，发展初步的创新意识，感受图形之美。

（三）活统计

内容为数据的分类、收集、整理、分析，感受简单的随机事件及其结果发生的可能性有大有小。"统计与概率"是小学数学基础课程的重要领域，开设"统计与概率"相关联的拓展课程，注重发展儿童的数据分析观念，经历在实际问题中收集和处理数据、利用数据分析问题、获取信息的过程，掌握数据收集、整理和分析的方法，能对数据进行归类，体验数据中蕴含的信息。

（四）活实践

内容为创设生活情境，解决生活中真实存在的问题。"综合与实践"是小学数学基础课程的重要领域，开设"综合与实践"相关联的拓展课程，在于着力培养儿童掌握综合应用有关的知识解决实际问题的方法，养成儿童的问题意识、应用意识和创新意识，积累儿童的活动经验，提高儿童解决现实问题的能力。

二、 学科课程设置

依据《义务教育数学课程标准（2011年版）》，学校除了基础课程，数学教研组将"活数学"拓展类课程具体设置见表2-2。

表2-2 "活数学"各年级课程设置表

实施年级	学期	类别			
		活运算	活图形	活统计	活实践
一年级	上学期	运算能手	认识图形	数学中的数据	数学窍门
	下学期	运算达人	玩七巧板	生活中的分类	圆片学问
二年级	上学期	计算能手	有趣的角	统计乐趣	钉子板
	下学期	我会拨珠	小设计师	估算的小能手	小调查员
三年级	上学期	计算达人	有趣周长	集合中的学问	数字编码
	下学期	计算达人	面有大小	统计表的乐趣	制作日历
四年级	上学期	口算达人	有趣的环	比赛中的学问	小调查员
	下学期	速算能手	找三角形	鸡兔同笼学问	营养午餐
五年级	上学期	妙算行家	盒子学问	游戏设计师	玩转魔方
	下学期	巧算行家	设计学问	视力监测员	玩七巧板
六年级	上学期	分数巧算	有趣的圆	扇形统计图	定起跑线
	下学期	负数奥秘	圆柱圆锥	鸽巢问题	自行车里的数学

第四节 让儿童学会活用数学

数学学习是一个生动活泼的、主动的和富有个性的过程。这就要求数学课程的实施要符合儿童的认知规律,贴近儿童的实际,这样有利于儿童体验与理解、思考与探索。课程内容的组织要重视过程,要重视直观,要重视直接经验。动手实践、自主探索与合作交流是学习数学的重要方式,所以在课程实施中要为儿童创造足够的时间和空间去经历观察、实验、猜测、计算、推理、验证等活动过程。

一、 建构"活数学课堂",有效实施课程

我校"活数学"的课程以学习数学运算、几何知识、统计与概率、综合与实践等内容。通过课堂教学、课外实践和微课程等方式来实施发展学生的思维,提升学习

能力,落实数学课程目标,坚守"学活数学,活用数学"的理念。

(一)"活数学课堂"要素

1. 创设情境,激发兴趣。在教学实践中,教师在备课时要立足儿童已有的经验基础,充分考虑儿童的兴趣,根据学习内容,挖掘各种教学资源(可以是文本资源,也可以是音像、视频,还可以是其他方面的学习资源),从导入到练习,创设儿童感兴趣的情境,调动儿童的学习热情。

2. 互动对话,积极质疑。儿童在教师的组织和引导下讨论和交流,根据教师创设的情境,结合新知同伴交流互动,在交互的对话中,互相质疑,共享集体思维成果,体验交流之趣。达到对所学内容比较全面、正确的理解,完成对所学知识的建构。

3. 展示研讨,活学分享。在交流互动之后,儿童将已习得的知识在全班进行展示分享,体验到活学共享之趣。在展示分享中对儿童所反映的情感、态度、策略等方面进行及时的评价,鼓励儿童自我纠正,自我提高。

4. 拓展延伸,共同成长。这是对师生学习成效的延展,也是对教学目标的监测与评价,更是将学习内容的扩展与应用,它真正体现了师生的教学相长,共同成长。以儿童的生成作为"蓝本",在独立建构的基础上,思维相互碰撞,逐步对知识进行完善。通过交流展示,在师生的思辨中逐渐明晰、建构知识网络。

(二)"活数学课堂"评价要求

表2-3　"活数学课堂"评价标准

课题		执教人		评课人		班级	
维度		A	B	C	D		
		85—100	75—84	60—74	少量达到或未达到		
教师的教	备课 15分	1. 钻研教材。教科书是教师备课的基本依据,钻研教科书是备课的中心。 了解儿童。了解儿童的年龄特征、学习需要、思想特点,等等。 考虑教法、预选教具,以学定教。					

续　表

维度		A	B	C	D
		85—100	75—84	60—74	少量达到或未达到
儿童的学	上课 15分	1. 目标明确。学习目标的制定明晰、正确,叙写规范,目标具体可测评。 2. 赏识激励。关注学习过程,课堂评价及时、准确、丰富,以激励、欣赏为主。 3. 寓教于乐。教态亲切,语言亲和,方法灵活。			
	参与度 30分	1. 自主学习。体现让儿童自主"发现问题,提出问题,分析问题,解决问题"的原则。 2. 乐思善述。儿童的思维有广度和深度,勇于发表自己的观点,乐于听取别人的意见。 3. 积极参与。在学习过程中儿童积极、投入,气氛活跃。			
	发展性 30分	1. 知行合一。重知识与能力的综合、过程与技能的转化、体验与品质的过渡。 2. 目标达成。体现"教——学——评"的一致性。学习目标达成度高。 3. 学活数学。体现"学活数学,活学数学"的学科理念。			
创新性 10分		恰当运用希沃一体机等多媒体、理念先进,教师创教、儿童创学,课堂中有创新点。			

二、 创设"数学节",浓郁学习氛围

　　丰富多彩的节日活动课程,在体验教育和实践活动中丰富感性积累,提升理性认知,搭建学习和研讨的平台,在交流中促使儿童增强认识,增加能力,关注民俗风情,亲近传统文化,弘扬华夏文明。

(一)"数学节"的活动内容

　　通过感悟数学活动,让儿童品味数学的魅力,弘扬中华民族优秀传统数学文化,丰富校园生活,感受数学文化,为儿童创设才艺展示的平台,营造浓厚的数学文化氛围。

　　活动要求:1.凡与数学文化有关的内容均可参加(数学名人小故事、趣题讲解、数学史、数学猜想介绍等)。2.吐字清晰,普通话标准。3.服装大方、得体,可适

当布置背景、道具、配置音乐等。

（二）"数学节"课程评价

"数学节"的评价通过以下两个标准：1. 课程目标的达成度。课程目标应准确、清晰。2. 课程实施的有效性。课程实施不流于形式，实施形式丰富多彩，有利于提高儿童的兴趣。充分和儿童生活相结合，具有一定的教育意义。

三、 开设"活数学社团"，让学习丰富多彩

儿童社团是现代学校建设的重要资源，随着课程内容的不断拓展，儿童社团已经成为发展儿童自主管理的新型课程，是实施素质教育的重要内容。"活数学社团"以"求真教育"哲学为指导，在儿童喜闻乐见的生活情境中组织社团，在学校校园文化建设中起到了提升层次、构建载体、凝聚儿童、群体示范的作用，从而形成学校的品牌项目。

（一）"活数学社团"的主要类型及内容

"活数学社团"建设以"数学兴趣"为主导，通过培养儿童的兴趣爱好，发展个性特长为抓手，为儿童提供展示自己爱好与技能的广阔舞台，展现最真实的自己。有趣味数学社团、珠心算社团、魔方社团、数迷园社团、智多星社团等。通过这一展示舞台，锻炼儿童的身体素质，促进儿童身心发展；培养儿童的竞争意识、合作精神和坚强毅力；丰富儿童的知识，尽最大可能地发挥出自己的才智，挖掘自身最大的潜力。

（二）"活数学社团"的实施途径

1. 规范的团队建设。小社团由兴趣爱好相同的少先队员自发组成。有5名以上的儿童，有1名辅导员。社团小干部由儿童民主选举产生，报学校德育处批准，有较为明确的分工。

2. 鲜明的社团章程：(1)有名称：社团提倡有特色、有亮点，有符合社团特色、富于童趣的社团名称。(2)有标志：社团的标志由儿童自己创立，能够充分鼓舞士气，反映出大家的希望与愿望。(3)有团训：有一句响亮的团训，以团员为本，突出

社团丰富多彩的活动、积极向上的精神面貌。(4)有要求:章程中要条目化地明确规定对社团的成员、辅导员的相关职责,活动性质、活动内容等的具体要求。

　　3. 丰富的社团活动。(1)有完整的年度活动计划、活动记录、活动总结。(2)有固定的活动时间、活动地点。(3)在开展常规活动的同时,能重视特色活动的开展。

　　4. 成果展示。在每一次的活动中注意积累各种原始材料(方案、计划、总结、活动图片),为日后的展示活动提供充分的保障。

　　5. 考核与奖励。对在社团活动中表现突出的儿童,社团负责人可上报德育处给予该儿童表彰以资鼓励;对活动中表现突出的社团,给予社团负责人表彰奖励。社团在一学期内未举办两次以上的大型活动,该社团即被取消资格,自动解散。儿童累计有 3 次以上(含 3 次)不参加社团活动的,即被取消资格。

(三)"活数学社团"的评价要求

　　"活数学社团"的评价目的和方法等方面应具有全面性、系统性,应按照动态生成、真实情境、多元评价、尊重差异、注重过程、关联结果的基本取向开展评价工作。见表 2-4。

表 2-4　"活数学社团"评价表

评估内容	评 估 标 准	得分	
		自评	督评
课程规划30 分	社团有健全的组织机构,有活动场所。社团有指导教师,能够指导儿童社团建设。15 分		
	有社团章程和管理制度,有计划,有总结。工作计划任务明确、重点突出、措施得力。工作总结全面具体。15 分		
课程实施40 分	社团活动常态化、规范化,做到前有计划,后有总结。每个活动都有教案,过程性资料详实。20 分		
	社团每学年至少进行 1 次校内交流展示。20 分		
课程评价30 分	根据社团现状,适时招收团员。对于团员的招生社团规模建制不少于 10 人,每学年至少对团员进行一次评定。15 分		
	积极参加本社团组织的各项活动,并积极参加各级比赛,取得荣誉表彰。15 分		

第五节 合作助力生命成长

一、 价值引领： 确立共同价值追求

"作为数学教育工作者,应当从三个层面上来认识数学,即作为工具的数学,作为教育的数学、作为文化的数学。我们要展示数学极富魅力的一面,不是以数学课上的公式、计算甚至题海,而是数学方法、思想和精神。引导儿童用美的眼光来欣赏数学;了解到数学在各个领域所发挥的作用;走进数学的历史长河,去追寻数学家的足迹,经历数学探索的历程,体验数学中理性、智慧、乐趣。当数学文化的魅力真正渗入教材、到达课堂、融入教学时,数学就会更加平易近人,数学教学就会通过文化层面让儿童进一步理解数学、喜欢数学、热爱数学。数学知识无需终生铭记,但数学精神会激励终生,解题技能无需终生掌握,但观念及其文化哲学会受用终生"[1]。

因此,数学课上出"好玩"意味,是我们共同的教学价值追求。在"活数学"的理念引领下,以实践为基础,为出发点,为归宿;秉承智慧的本质,致力于课程的育人功能。给孩子们一个充满数学智趣韵味的童年。

二、 专业发展： 促进课程持续发展

《义务教育数学课程标准(2011年版)》指出"充分发挥师生双方在教学中的主动性和创造性","数学教学应在师生平等对话的过程中进行"。在学习方式上,必须"积极倡导民主、合作、探究的学习方式"。这种在教学方式上的变革,要求小学数学教师必须具备良好的教育理论素养、教育能力素养及教学研究素养等方面,数学教师素养的整体提升才能保证"活数学"的高品质发展。

学校全体数学教研组以校本教研为平台,全面立足课堂教学改革,不断加强教育科研,积极探索高效的数学课堂教学策略,不断提高数学学科教育教学质量。构建以案例研究为载体,以学习、实践、反思、再实践为主要发展形式的校本研修模

---

[1] 王玉臣.小学数学课文化意味的达成策略初探[J].中华少年,2016-09-15.

式,不断加强课堂教学改革,增强教研组主动发展意识,逐步形成具有学科特色的校本研修方式。教师通过加强理论学习,注重日常教学反思,自觉更新教育理念;通过校本研修,充分学习和掌握儿童核心素养和数学学科素养的关系,并且落实到学科教学实践中,人人争做学习型、思考型教师;通过课例研究,教师不断优化课堂教学策略,采用情境化的教学方式和数字化的技术支持,促进数学课堂教学的丰富和优质;通过培训和反思,及时梳理和提炼教学经验,不断总结和归纳,形成一系列的教科研成果和研究性学习成果,教研组的教学风格日渐形成。

三、 制度建构： 保障课程有序推进

（一）学科建设制度

课程开发精品化。数学教研组负责学科课程的开发、管理、实施和学业评价。根据不同教师的个性特点和兴趣特长,儿童的培养目标,同时兼顾地方学科特色资源,开发适合于校情和学情的数学学科课程。教研活动精致化。每次活动"四定四有",要定时间、定地点、定内容、定中心发言人,有计划、有准备、有记录、有材料,每次备课组活动除了备课这个中心议题外,还要对儿童的学习态度和学习方法等问题作课堂前测。教学上,各年级要做到"四统一":统一课程纲要、统一重点难点、统一作业建设方案、统一测试评价。通过各种不同形式的教研活动提高数学组的教学水平和教育科研能力。

（二）分享制度

通过学期的课程成果分享会,不同课程间的经验交流,博采众长,优势互补,同时听取儿童、家长和学校的建议,更好地完善数学学科课程的架构、实施和评价。

四、 评价导航： 引导课程优质实施

学校通过多元的评价,导航课程向着高品质的方向发展,学校对课程的评价如下:

（一）儿童综合性评价

《义务教育数学课程标准(2011年版)》指出："评价的主要目的是全面了解儿童数学学习的过程和结果，激励儿童学习和改进教师教学。"

数学课程的评价会依据《义务教育数学课程标准(2011年版)》和儿童学科核心素养，从小学数学学业水平评价的基础性、全面性和科学性出发，关注孩子的学习过程和学习体验，关注孩子良好学习习惯的养成，关注孩子"学数学用数学"的意识和动手操作的能力，关注孩子的个性化学习，努力将评价贯穿于数学学习的全过程。通过评价，让孩子对数学的好感与日俱增，获得成功的体验，以评促学，以评促教，实现师生的共同发展。

1. 纸笔测验。传统的纸笔测试是一种操作简便又行之有效的评价方式，纸笔测试的重点侧重于考查儿童对数学基础知识、基本技能、过程和方法的认识和理解上；应重视考查儿童综合运用所学知识、技能和方法分析和解决问题的能力；应注意选择具有真实情景的综合性、开放性的问题，而不能片面对基础知识和基本技能进行测试。

2. 学习档案评价。这是一种基于儿童终身发展的有效评价方式，应培养儿童自主选择和收集学习档案内容的习惯，给他们表现自己学习进步的机会，为儿童的发展注入内驱力。儿童在学习档案中可以是一次数学口算题、一次小组活动的记录、一份简单的数学手抄报、一张开放性的测试题、一个多样化的图形设计、一个有价值问题的提出和解答等。通过儿童的成长记录会全面反映儿童的发展情况，教师要善于抓住这一有效载体，同时不断收集和分析反映儿童学习过程、结果的资料，客观、公正地评价儿童的学习。

3. 活动表现评价。表现型评价是一种行进中的评价，也是一种值得大力倡导的评价方式。评价的内容既包括儿童的活动过程又包括儿童的活动结果。它通过观察、记录和分析儿童在各项学习活动中的表现，对儿童的参与意识、合作精神、探究能力、分析问题的思路、知识的理解和应用水平，以及表达交流技能等进行评价。

（二）课程的综合性评价

通过对课程物化成果，如教学设计、课程纲要、其他过程性资料的审阅和对课程展示课、成果汇报等效果的考量以及对儿童在课程参与过程中认知感、获得感、体验感的问卷调查，综合评价、考量该课程的科学、合理性，对该课程的下一步发展进行诊断。

（三）教师的综合性评价

教师的综合性评价主要从以下几个方面进行：教学计划的制订是否有利于儿童个性的发展；教学内容选择的科学性、时代性、层次性和综合性；教学方法使用的有效度；教师在实施课程中的投入程度，对所教每一个儿童的关注程度；教师在开发和建设课程过程中其专业水平的提高程度；教学目标的达成度等方面。

1. 学校评价——校级评价小组深入一线课堂，通过观课、听取儿童的反馈意见、检查教师课程的开发与实施情况、课程目标的达成程度和课程教学安排等方式给予评价。

2. 教师自我评价——教师在课程开发与实施过程中，不断地进行自我评估，以切实提高自己课程开发与实施的能力。自我评价主要作用是促进教师的自我提高，而不是教师之间的相互比较。

3. 儿童评价——与儿童进行交流、座谈，了解儿童对课程的需求，明确儿童的发展方向，以不断提高课程的质量，使之更加适合儿童发展的需要。

综上所述，"活数学"课程秉持学科理念，"活数学"的课堂旨在追求"在玩中学活数学"的境界，使儿童在玩的过程中提升数学学科素养，追求小学数学教育的真义，让儿童在学活中聪颖，在活用中成长。通过"活数学"课程的实施，使儿童掌握必备的基础知识和基本技能；培养儿童的抽象思维和推理能力；培养儿童的创新意识和实践能力；促进儿童在情感、态度与价值观等方面的发展。通过对数学的活学活用，提升儿童的数学能力和数学素养。

附

神奇的窨井盖

南昌市南京路小学   刘赟菁 刘统华 涂俐娜

一、项目简介

项目名称	神奇的窨井盖		适用年级	六年级
项目类型	学科项目学习		项目时长	4课时
主要学科	数学			
项目简介	近期,因南昌进行地铁施工,很多路面要重新铺设,路面上的窨井盖也被重新更换。为了建设美丽南昌,邀请同学们帮忙设计窨井盖的形状。同学们经过观察发现,圆形的窨井盖是最多的,这是为什么呢?为了解决这个疑问,特开展此项目学习。			
驱动问题	为什么大部分窨井盖都是圆形的?			
项目目标	学科知识与技能	1. 通过观察、动手操作,认识正方形、长方形、圆。 2. 知道求图形的周长,探索并掌握这些平面图形的面积公式。 3. 会比较:半径相等的情况下比较它们的面积;周长相等的情况下比较它们的面积。		
	21世纪技能	独立思辨能力、团队合作能力、沟通协调能力。		
	价值观念	1. 为了解决实际问题,从而调动了学生参与数学活动的积极性。 2. 在项目学习过程中学生体验获得成功的乐趣。		
项目成果	产品形式	研究报告和窨井盖模型的展示与评价。		
	展示方式	调查结果、计算验证过程和窨井盖模型的制作。		
学习评价	过程评价	评价量表,有自评、同学评、小组评、师评。		
	结果评价	结果评价量表。		
项目资源	上网查阅资料、采访工人、小刀、硬壳纸、剪刀。			

    数学源于生活,生活中处处有数学。在数学学习中,应该从学生的生活实际出发,联系生活学数学,把生活经验数学化,数学问题生活化,使学生感受到数学与生

活的联系,从而激发学生学习数学的兴趣,使学生用数学的眼光去观察生活,解决生活中实际存在的数学问题,从而让学生通过现象揭示秘密,洞察生活中的奥秘。

二、项目启动

1. 驱动问题的提出

南昌在修地铁,很多的马路都开挖了,路面上的窨井盖也被破坏了,为建设好更美丽的南昌,邀请同学们帮忙设计窨井盖的形状。同学们经过观察发现,圆形的窨井盖看上去是最多的,这是为什么呢? 为了解决这个疑问,特开展此项目学习。

通过窨井盖项目学习,学生的能力从多方面得到了提升。第一,学生知道了如何去做调查,提升了学生的调查能力;第二,在调查的过程中,学生收集数据绘制成统计表和统计图,把统计的知识运用于生活中,提升了学生的数据处理能力和利用统计知识解决实际问题的能力;第三,学生知道了可以通过采访工人等方式去获取信息,提升了学生获取知识的能力;第四,学生知道了如何用计算的方法去进行验证,并深刻认识到精确计算是检验真理的唯一标准,提升了学生学以致用的能力;最后,学生知道了如何动手去做窨井盖的模型来验证,提升了学生的动手操作能力。从整体上来看,整个项目学习的过程极大限度地提升了学生的相互协作能力和主动探究做学问的能力。

2. 学生分组情况及分工

全班 50 多名学生,分为 10 个小组,每个小组 5 至 6 人。各小组职责分工如下:一名小组长,负责小组的讨论、具体分工、收集调查数据和总负责小组活动;一名记录员,负责记录小组讨论的结果,记录组长给每一位组员的具体分工;一名制表员,根据组长收集的数据绘制统计表;一名制图员,根据制表员的统计表制作统计图。学生的小组分工情况见图1。

三、项目实施

(一) 方案设计

学生观察发现生活中圆形窨井盖是最多的,因此产生疑问:为什么大部分窨井盖是圆形的? 为解决这个问题,学生经过讨论,认为需要弄清生活中有哪些形状

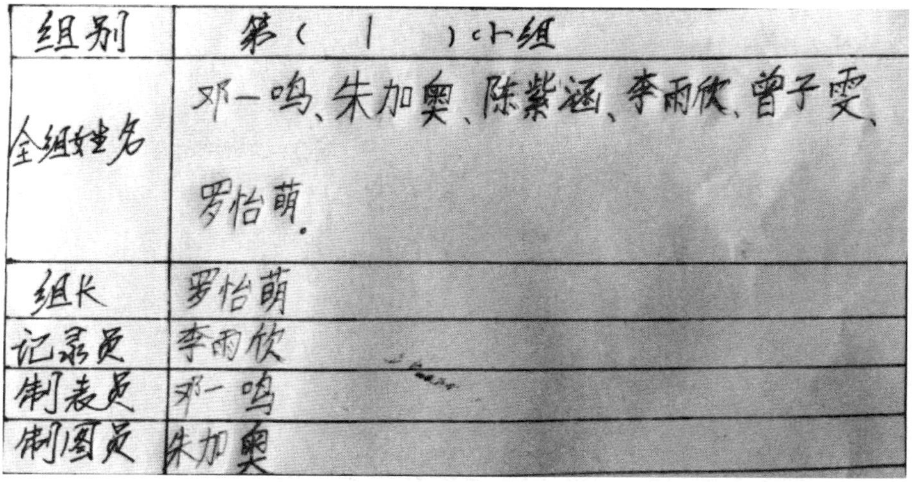

组别	第（ 1 ）小组
全组姓名	邓一鸣、朱加奥、陈紫涵、李雨欣、曾子雯、罗怡萌。
组长	罗怡萌
记录员	李雨欣
制表员	邓一鸣
制图员	朱加奥

图1　学生的小组分工情况

的窨井盖以及圆形窨井盖所占的比例。通过小组讨论交流，确定项目学习的第一步：实地调查。然而，调查只能看到事物的表象，学生还很想听听工人们说说他们为什么喜欢用圆形的窨井盖，希望从工人的工作经验去了解大部分窨井盖是圆形的原因，从而确定项目学习的第二步：采访工人。此时，学生们又提出：调查是我们看到的，采访是我们听到的，但是没有得到证实，没有经过数学精确的计算验证是没有说服力的，还需要在相同的条件下比较圆形与其他平面图形的面积大小，因此确立项目学习的第三步：计算验证。经过计算理论得到证实，但是实践是检验真理的唯一标准，学生希望亲手制作窨井盖模型，想通过对比窨井盖实物模型找到圆形窨井盖的优点，故而确立项目学习的第四步：制作模型。最后，学生在前四个步骤的项目学习基础上，写出窨井盖项目学习的研究报告，再加上窨井盖模型的展示与评价，很好地回答了开始提出的问题：为什么大部分窨井盖是圆形的？并最终确立项目学习的第五步：基于驱动问题解决的项目成果产出（见图2）。

（二）项目实施

1. 第一步　实地调查

窨井盖项目学习第一步：调查街道使用窨井盖有哪些形状及所占的比例。全

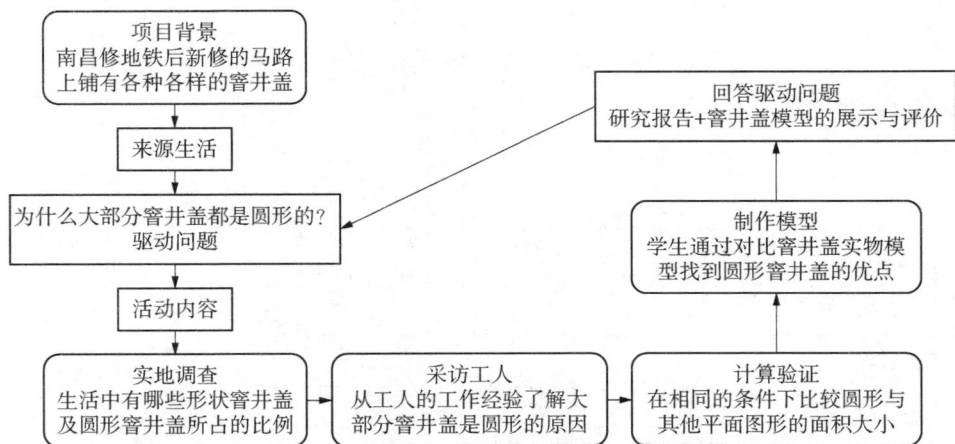

图2　项目地图

班在小组分工后,先确定组内成员调查的路段,小组长负责汇总数据。调查内容为:窨井盖的形状、个数以及圆形窨井盖所占的百分比。此时出示任务单(见表1)。

表1　实现调查任务单

第(　　　)调查小组　调查人姓名:_____调查时间:_____

路段名/小区名	长方形窨井盖个数	正方形窨井盖个数	圆形窨井盖个数

组内分工,由组长确定每名组员调查的街道或者小区,组员调查结束后,组长负责收集数据,制表员负责制作统计表,制图员负责制作统计图。同时出示小组调查的评价量表(见表2)。

表2 实地调查评价量表

第（　　）小组 姓名：＿＿＿＿＿

类别	评价内容	初级标准（C）	中级标准（B）	高级标准（A）	组别	等级	评论
小组评价	参与态度 沟通交流 大胆质疑 同伴合作 互相帮助	有参与小组活动，同伴交流能回应，按照要求，配合同伴完成任务。	有参与小组活动，能完成自己的分工，能与同伴交流，表述自己的想法，在同伴合作时，积极完成自己的任务。	积极参与小组活动，在与同伴交流中，表述自己的想法，质疑别人的观点，能帮助同伴完成任务。	1		
					2		
					3		
					4		
					5		
					6		
					7		
					8		
					9		
					10		
个人评价	学习兴趣 自我反思 重组信息 形成见解 自我表述 积极思考	有一定的学习兴趣，根据安排的任务去调查。	有一定的学习兴趣，会查找相关信息，有一定的想法，能思考与之相关的问题，会表达自己的观点，并能在同伴的指导下进行自我反思。	学习兴趣浓厚，学习热情高涨，能积极的进行调查，并清晰地表述自己的观点，积极思考，任务完成后能进行自我反思。	自评		
					组评		
					师评		

第一次调查结果发现：一个小组的调查结果是正方形窨井盖多，有一个小组的调查结果是长方形窨井盖比较多，而其他8个组的调查结果是圆形窨井盖最多。为什么会出现不一样的结果呢？通过详细询问学生调查具体情况得知，调查结果是正方形窨井盖多的那个小组只在某个小区内进行调查，把小区内房子周围的下水道的窨井盖全部统计了，因小区设计原因，小区内正方形的窨井盖最多（见图3）。

调查结果是长方形窨井盖比较多的小组只在以前的老马路上去调查,老马路以长方形窨井盖居多,因此调查结果为长方形窨井盖多。

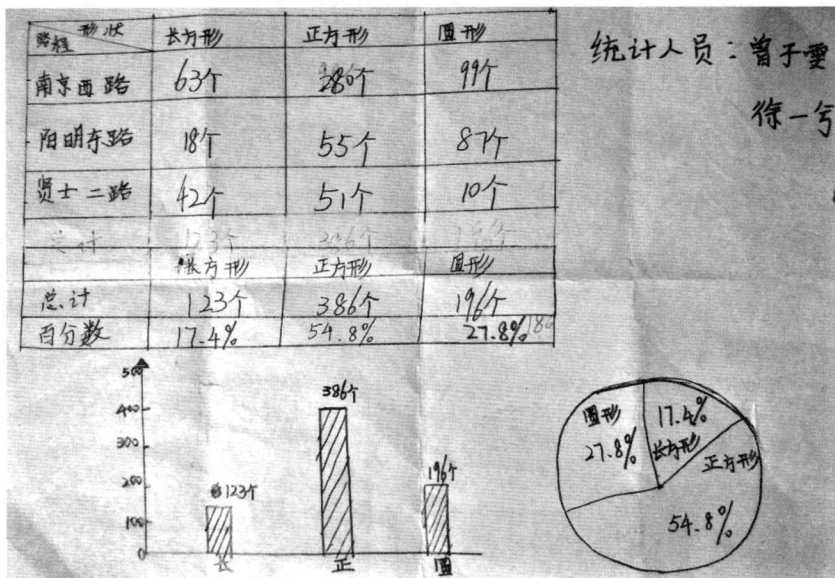

图3　第一次调查结果统计

认真分析学生的调查过程不难发现,学生的调查过程没有问题,但结果为什么会这样呢? 统计学原理告诉我们,调查不能范围太小。调查范围太小,就会直接导致收集的样本数据就会太少,从而最终会影响整个调查结果,导致调查结果准确率不高。因此,学生们又进行了第二次调查。第二次调查改进了两点:①调查的范围扩大,每一个小组调查的地点除了小区,还要有街道。②增加样本的数据,小组内的每一名同学多调查几个小区和几条街道。在第二次调查之前,每个小组进行具体分工,每名组员清楚自己负责哪几条街道和哪几个小区,认真统计每一条街道各种形状窨井盖的个数以及所占的百分比,再由各位组长负责汇总数据,制表员绘制统计表和制图员绘制统计图。由于每个小组的数据还不是很多,所以最后班长汇总全班各个小组的数据,并绘制全班的统计表和统计图。从学生第二次的调查结果可知:圆形窨井盖所占的百分比73%,在实际生活中的的确确大部分窨井盖是圆形的。街道中基本上都是用屏蔽的圆形窨井盖，偶尔出现的长方形和正方形的窨井盖大多适用于容易积水的地方（即比路面稍低的地方），以便通水（见图4）。

形状\数量\路段	圆形	长方形	正方形	椭圆形
二七北路	41个	2个	10个	2个
贤士一路	50个	0个	24个	0个
贤士二路	24个	4个	22个	3个
保利·百合	十六个	9个	3个	0个
总计	131个	15个	59个	5个
百分比	62.4%	7.1%	28.1%	2.4%

数量\形状\地段	圆井盖	正方形井盖	长方形井盖
永外正街	130个	85个	45个
二七北路	30个	2个	
樟树林	66个	30个	5个
隆兴小区	142个	121个	30个
贤士花园	16个	5个	7个
总数量	384个	243个	87个
百分比	53.8%	34%	12.2%

窨井盖统计表

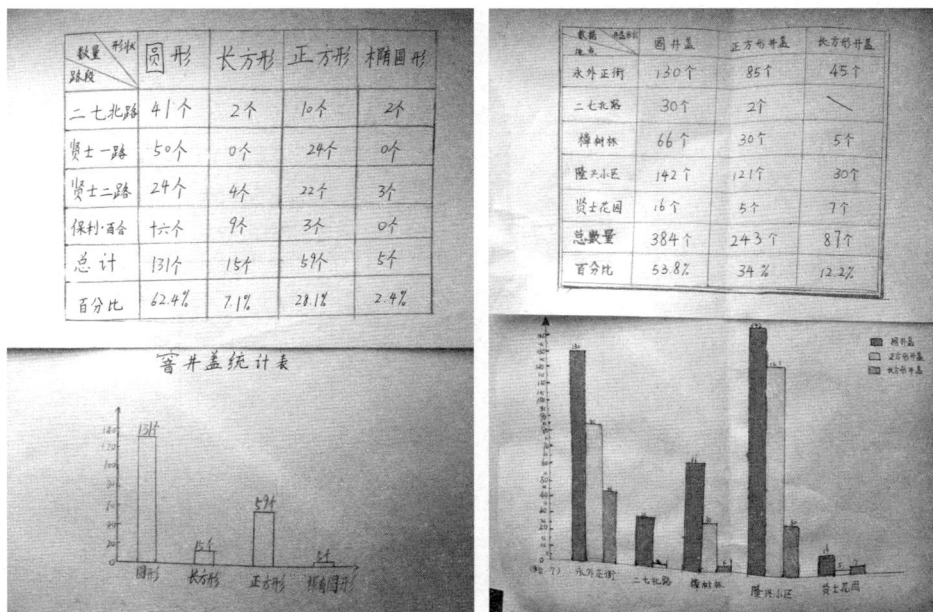

图4　第二次调查结果统计

2. 第二步：采访工人

通过调查，学生知道了生活中大部分窨井盖都是圆形的，调查只能看到事物的表象，学生还很想听听工人们说说他们为什么喜欢用圆形的窨井盖，希望借助于工人的工作经验去了解大部分窨井盖是圆形的原因，从而确定了项目学习的第二步：采访工人。

各小组进行讨论：如何采访工人？打算采访工人什么问题？小组讨论结束后全班进行小组汇报，其中有一个小组思考了如何去找工人，提出以下建议：不到施工场地去找，因为不安全；发动全家力量，询问亲朋好友，通过联系熟人寻找采访途径；马路属于公共设施，可以去南昌市市政公用集团询问等等。对于采访工人的问题,各小组均罗列出了几点。小组汇报之后,全班进行方案优化,然后每个小组进行详细的分工,确定每名成员在采访中的任务:每个小组选出一名小组长,负责联系工人,约定采访的时间;一位提问员,负责向采访对象提问;一位记录员,负责记录采访的所有内容;小组其他成员最后把收集的信息进行整理并制作手抄报。同时拟定《采访工作评价表》(见表3)。

表3 采访工作评价表

项目	A级	B级	C级	个人评价	小组评价	教师评价
前期工作准备	认真听讲,参与讨论态度认真。	能认真听讲,能参与讨论。	无人听讲,极少参与讨论。			
采访内容记录	大胆提出和别人不同的问题,内容记录完整、详尽。	有提出自己的不同看法,内容记录完整。	不敢提出和别人不同的问题,内容记录不完整。			
小组合作情况	善于与人合作,虚心听取别人的意见。	能与人合作,能接受别人的意见。	缺乏与人合作的精神,难以听进别人的意见。			
手抄报制作	搜集整理材料,综合运用数学知识探究问题。	有搜集整理材料,有运用数学知识解释问题。	尚未搜集材料,没有运用数学知识。			

商讨完毕,每个小组进行细致的分工,小组的每一名成员清楚了解自己的任务后再按照分工进行采访工作。

采访结束后,小组长进行组内信息汇总,班长汇总全班的调查信息,结果发现:圆形窨井盖最多是因为其更具有实用性。圆形正好符合我们的体型,便于工作人员进进出出,所以圆形自然而然地成为下水道出入孔的首选形状。学生制作的手抄报见图5。

图5　学生制作的手抄报

3. 第三步：计算验证

学生通过前两次调查结果发现：大部分窨井盖是圆形的。我们调查后呈现出来的只是现象，没有经过数学精确的计算验证是缺乏说服力的，因此这才有了窨井盖项目学习的第三步：计算验证。出示计算验证评价量表（见表4）。

表4　计算验证评价量表

项目	内容	分值	自评	师评
计算前的作图	作图合理、清晰、规范。	20		
计算的方法	准确选用适当的计算方法。	20		
计算技巧	合理、巧妙地运用计算技巧。	20		
结论	能提出有一定研究价值的问题，梳理收获、提升经验。	40		
总体评价				
备注				

因为在现实生活中，窨井盖的形状只有圆形、正方形、长方形三种，所以计算验证过程中也只研究这3个平面图形。

（1）计算验证一：半径相等时比较它们的面积大小（多边形的半径是指多边形外接圆的半径）。

假设圆的半径是10厘米或者多边形外接圆的半径是10厘米，圆、正方形、长方形的面积各是多少？它们的面积大小关系是怎么样的？

① 计算圆的面积

已知圆的半径是 10 厘米，求这个圆的面积是多少？这对于六年级的学生来说是个基础题，所以圆的面积学生都很快计算出来了，$S = \pi r^2 = 3.14 \times 10^2 = 3.14 \times 100 = 314$ 平方厘米（见图 6）。

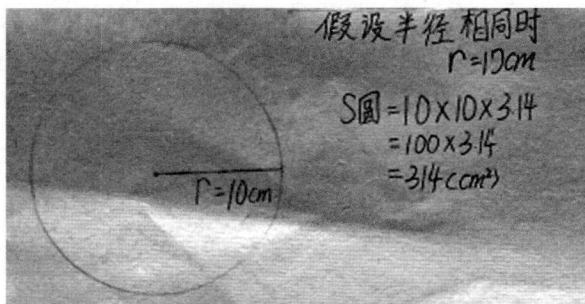

图 6　学生计算圆形的面积

② 计算正方形的面积

第一次计算正方形的面积。

已知正方形的外接圆的半径是 10 厘米，求这个正方形的面积是多少？大部分同学都想知道正方形的边长是多少？他们说："正方形的面积公式是边长乘边长，知道了正方形的边长就可以计算出正方形的面积。"学生的分析很有道理，但是计算正方形的边长已经超出了他们的知识范围。不过有部分同学另辟蹊径，用作标准图的方法来解决问题，使用尺子量出正方形的边长是 14 厘米左右，但是因为作图没有那么精确，尺子测量也存在一定的误差，所以最终导致正方形的面积大小存在着不确定性，此现象引发了全班同学的新一轮的思考。

第二次计算正方形的面积。

学生思考之后，经过全班交流，学生一致认为要用其他的方法才能解答。此时引导学生分析正方形的对角线有什么特点？动手操作正方形的纸片发现：正方形的对角线垂直且平分。有的学生把正方形分割成了四个三角形，而且这四个三角形的面积相等；还有的学生把正方形分割成两个三角形，这两个三角形也是相等的。学生计算圆内接正方形的面积见图7。

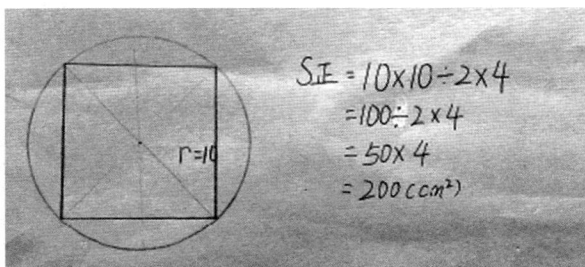

图7　学生计算圆内接正方形的面积

③ 计算长方形的面积

已经长方形的外接圆的半径是10厘米,求长方形的面积是多少? 大部分学生是这样思考的:用长方形的一条对角线把长方形分割成两个三角形,长方形的对角线的长就是圆的直径10×2＝20(厘米),把长方形的对角线作为三角形的底边,三角形的高学生是不知道等于多少的? 在不会算的情况下学生很想用尺量,但是由于前面的教训,所以最终没有这样做。此时,老师及时提醒学生可以试着去对比圆中方的图形,当三角形的高是圆的半径10厘米时,圆内接的四边形是正方形;而当圆内接的四边形是长方形时,三角形的高一定比10厘米要短,到底是多长则要根据自己画的图形来定。学生计算圆内接长方形的面积见图8。

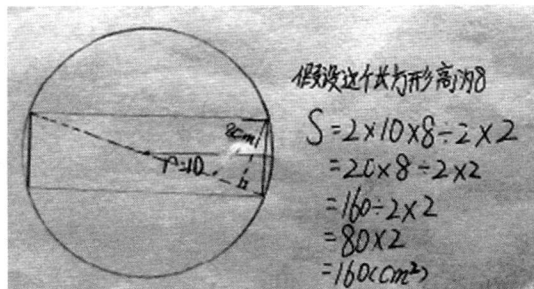

图8　学生计算圆内接长方形的面积

④ 比较三种图形面积的大小

通过计算发现:圆的半径和多边形的外接圆的半径都是10厘米时,圆的面积最大。把圆的半径和多边形的外接圆的半径换成其他相同的数字，经过计算依旧得出圆的面积最大这一结果。所以当圆的半径和多边形的外接圆半径是相等数值时，圆的面积最大（见图9）。

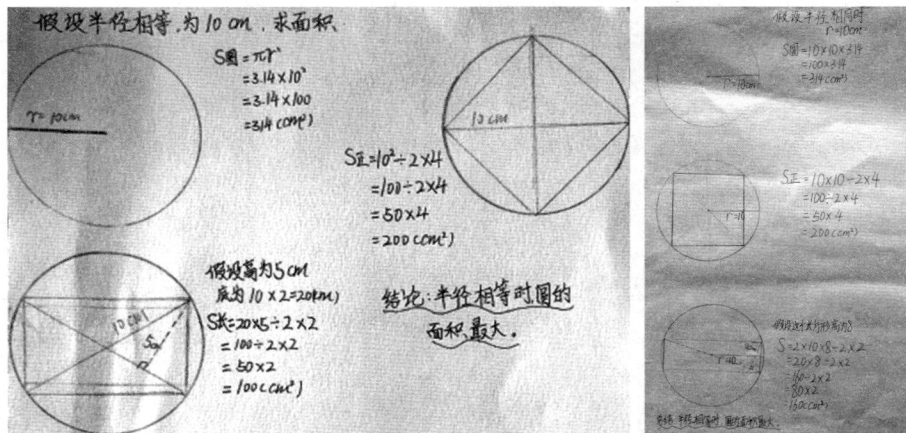

图9　半径相等时比面积

（2）计算验证二：周长相等时比较它们的面积大小。

如果这些平面图形的周长都相同时，它们的面积的大小关系又是怎样的？带着这个问题再去进一步计算验证。假设所有图形的周长都是62.8厘米，请分别计算出圆、正方形、长方形的面积。

① 求圆的面积

已经圆的周长是62.8厘米，要求这个圆的面积是多少（见图10）？

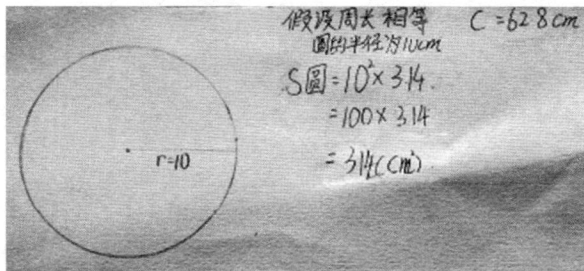

图10　计算周长为62.8厘米圆的面积

② 求正方形的面积

计算周长为 62.8 厘米正方形的面积（见图 11）。

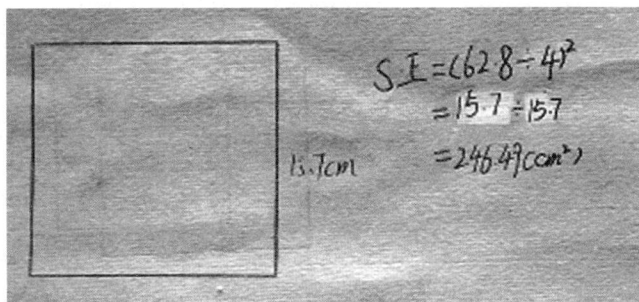

图 11　计算周长为 62.8 厘米正方形的面积

③ 求长方形的面积

计算周长为 62.8 厘米长方形的面积（见图 12）。

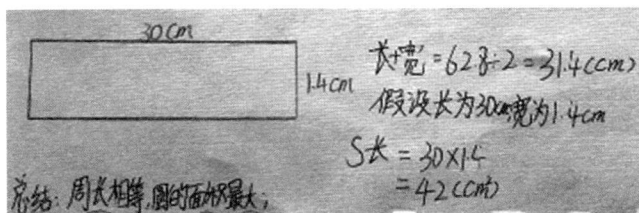

图 12　计算周长为 62.8 厘米长方形的面积

圆和正方形的面积学生可以很快计算出来，但是长方形的面积计算都遇到了问题，不知道长方形的长和宽分别是多少？首先需要明确的是：长＋宽＝62.8÷2＝31.4 厘米，而长方形的长比宽要长，31.4÷2＝15.7 厘米，根据这些信息就可以假设长方形的长比 15.7 厘米长就可以了。

④ 比较三种图形面积的大小

经过同学们的计算得出：周长相等的平面图形，圆的面积最大，圆形受力最均匀（见图 13）。

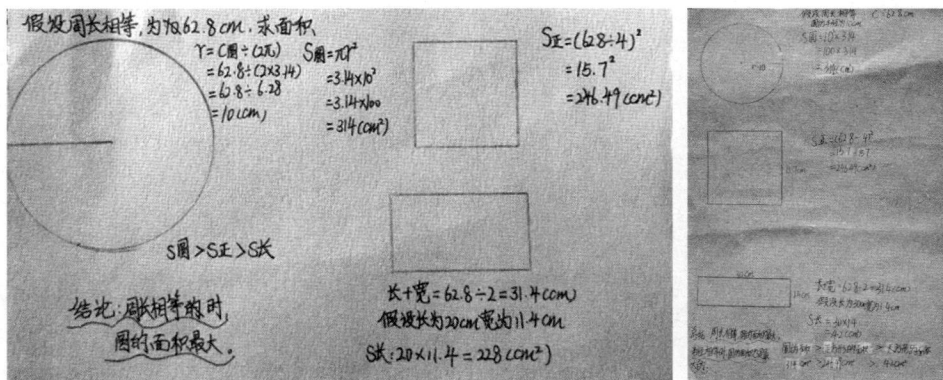

图 13　周长相等时比面积

4. 第四步：制作模型

经过计算验证,学生发现在相同的条件下,圆的面积最大。那生活中为什么要选择面积大的形状做窨井盖?学生想亲手实践做窨井盖的模型,看看什么样的形状的窨井盖更适合、更安全,从而才有了窨井盖项目学习第四步——学生动手做窨井盖的模型。学生模型制作评价表(见表 5)。

表 5　模型制作评价表

评价维度	评价要素	评价结果		
		自评	互评	师评
可操作性	可实施,可操作。			
外观	与主题相关,制作美观,有利于解决问题。			
制作方法	运用数学方法制作模型。			
特色创新	模型有特色、有创新、有亮点。			
备注:评价结果采用等级制,共分为 ABC 三个等级,A 为优秀,B 为良好,C 为有待努力。				

（1）制作前的准备

小组展开讨论:窨井盖模型的共同特点是什么?每名组员分别做什么样的窨井盖模型?学生首先明确的是做什么形状,接下来继续讨论:如何做?具体的步骤怎样？需要使用哪些工具？讨论之后，学生开始第一次制作。

(2) 第一次制作

第一次制作时，老师发现学生拿到硬纸板时，直接在上面画好一个图形，然后用剪刀剪下这个图形。为此，老师特意给学生做了一个实验：把窨井盖模型安装好，再用手指去压窨井盖，结果所有模型的窨井盖都掉下去了。看到实验结果，学生开始思考问题出在哪里，并准备进行第二次模型制作。第一次制作的窨井盖模型见图14。

图 14 第一次制作的窨井盖模型

(3) 第二次制作

经过第一次的制作，所有学生都开始思考：为什么所有窨井盖的模型都会掉下去呢？学生回家查阅资料以及小组讨论交流后发现：所有的窨井盖模型包括井座和井盖，井座上设有井框，井盖安置于井框上。如果窨井盖和窨井口一样大，窨井盖在实际使用过程中就很容易直接掉入窨井。这是因为：窨井盖铺设在大马路上，每天有许多汽车在上面行驶通过，如果窨井盖轻易掉落井中，汽车车轮就会陷进窨井，从而导致意外事故的发生；窨井盖铺设在人行道上，每天走路的人来来往往，如果失去窨井盖的保护，行人行走时就会失足跌入窨井产生意外伤害。因此，设计窨井盖形状时就必须充分考虑到车辆行人的安全，确保窨井盖不能掉到窨井里，并且不因窨井盖形状存在尖角而造成更大的二次伤害。学生第二次制作的窨井盖模型见图15。

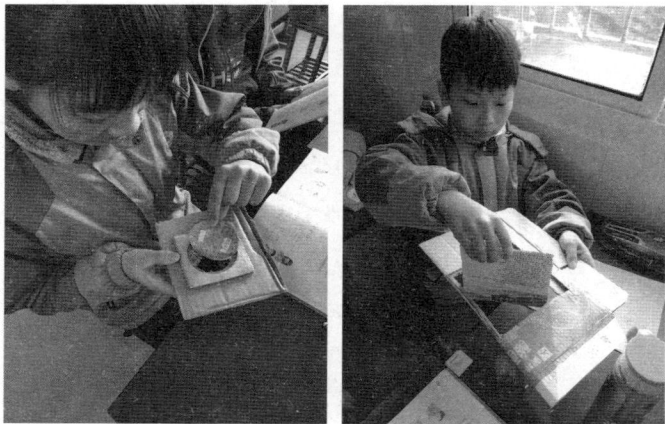

图15　学生第一次制作的窨井盖模型

（4）动手操作窨井盖模型

在动手操作过程中，学生还发现：如果窨井盖设计成正方形或者长方形，盖儿虽然比窨井口大一些，但因为它们的对角线一定比其边长或者是长及宽都要长些，那么，当井盖被震动时，仍然很有可能掉到井里了（短边穿过长边）。但是，如果是圆形的窨井盖，由于圆的无数条直径都是相等的，所以，盖儿只要比窨井口大一点点，就不易掉落下去，汽车和行人更安全，在井下操作的工作人员也更安全，因此圆形窨井盖最具有安全性、实用性、学生动手操作窨井盖模型（见图16）。

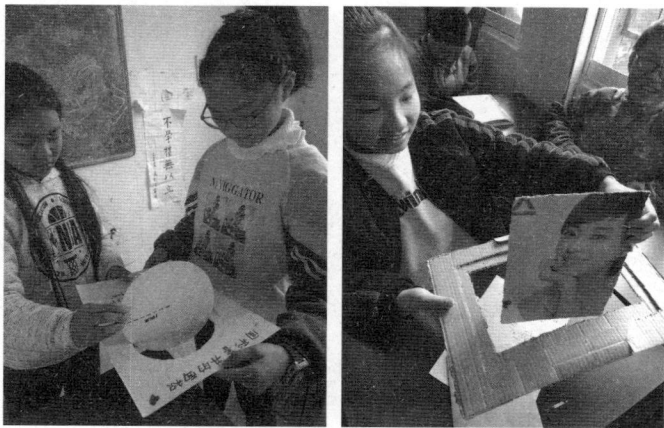

图16　学生动手操作窨井盖模型

四、成果展示与评价

（一）研究报告

通过窨井盖项目学习，我们围绕驱动问题"为什么大部分窨井盖都是圆形的"开展了一系列的学习活动。问题来源于生活，学生利用所学的数学知识去解决生活中的数学问题，让学生把所学的知识学以致用，在项目学习探索过程中真正理解了数学学习的意义。

通过实地调查，学生知道了圆形窨井盖所占的百分比是73%，在实际生活中大部分窨井盖是圆形的，而偶尔出现长方形和正方形的窨井盖被使用于容易产生积水的地方（即比路面稍低的地方），以便排水通水。

通过采访工人学生还知道圆形窨井盖便于运输，最具有实用性；且圆形正好符合人的体型，便于工作人员进进出出，所以圆形自然而然地成为下水道出入孔的首选形状。

通过数学计算，学生还得到结论：当圆的半径和多边形的外接圆的半径相等时，圆的面积最大；周长相等的平面图形中，圆的面积最大。圆形受力最均匀，不容易破碎。

学生还在动手制作窨井盖模型、对比操作窨井盖实物模型的过程中发现：因为圆形的直径处处相等，圆形窨井盖不会掉入井内，相比其他形状更具有安全性。

综合以上原因，所以我们推论出，生活中大部分窨井盖设计成了圆形。

（二）窨井盖模型的展示与评价

窨井盖对于学生并不陌生，十分常见因此在第一次制作窨井盖的过程中，学生只关注窨井盖最外面的样子，而忽视了里面的内在结构。经过第一次窨井盖的制作过程，学生知道窨井盖模型不是图形简单的叠加，再通过查阅资料、小组讨论汇报、老师讲解等方式进一步了解窨井盖模型的结构特征。第二次制作窨井盖，学生开始探索用不同的方式阻止窨井盖水平地往下掉，从而真正理解窨井盖模型的结构特征。

学生还对制作好的窨井盖模型从四个方面进行了评价：是否符合模型的特点？制作的方法是否正确？制作的窨井盖是否美观？是否有可操作性？评价的等级设优、良、中、差四个。

在没有操作窨井盖模型之前，有些学生认为"什么形状的窨井盖都不会掉下去"。而在通过操作窨井盖模型的实践之后这部分学生开始发现：窨井盖一般情况下是水平放置的，然而它被车压过时因为受力有可能倾斜甚至竖立起来。通过不断地操作体验，学生明白现实生活中窨井盖会因为受力而从不同的角度掉落下去，从而发现圆形的直径处处相等的优点，进一步理解为什么大部分窨井盖都是圆形的。

五、项目反思

窨井盖项目学习从解决学生生活中的问题出发，通过实地调查、采访工人、计算验证、制作模型等多种形式的学习方式让学生去探索研究。教师在项目学习中是设计者、学习的发起者、指导者、引导者。从整个项目学习过程中可以看到，学生很喜欢自己去做学问，他们在活动中学习，在过程中成长，学生对待自主学习。在项目学习过程中，学生不但收获知识，还提高了能力。

（一）经验分享

1. 会用数学的眼光去看待世界

近几年，南昌在修地铁，学生在学习之余无意谈论到新铺设的马路上有很多窨井盖，还有同学在回家的路上统计出圆形窨井盖是最多的。有一天课间，一位学生提出一个问题：在我回家的路上圆形窨井盖是最多的，其他地方是不是也是这样？为什么呢？我及时抓住了这个问题让学生进行项目学习，一个好的项目学习就诞生了。通过项目学习，学生学会了用数学的眼光去看待世界。

2. 把展示的机会都留给学生

在小组讨论之后的每一个汇报中，学生都畅所欲言、各抒己见，通过思维的碰撞去迸发出智慧的火花。在采访环节中，每一位学生都有自己的任务，可以在活动中充分展示才能、锻炼能力、挖掘潜能、彰显个性。

3. 把学习的主动权还给学生

在整个项目学习的过程中，教师和学生一起去探究，以学生为主体，让学生充分掌握学习的主动权，学生思考质疑，不断地去发现问题、解决问题。教师综合全班同学的想法，在关键点进行引导，优化活动方案，让项目学习得以顺利开展。学生在学习中的积极性、主动性、创造性都得到了最大限度地激发与释放。

（二）不足与思考

1. 项目学习有待继续深入

项目学习进行到"计算验证"这一步的时候，学生经过计算验证得出：周长相等的平面图形，圆的面积最大。此时，学生容易产生一个同样的疑惑：我们为什么要选择面积最大的圆形做窨井盖呢？这个问题单单从数学学科角度是无法得到完整解释的，还要综合运用到初中的有关力学知识，才能更好地得出结论。之所以把窨井盖设计成圆形，原因有很多，其中三个具有代表性的原因是：第一，圆形窨井盖承重能力是所有形状里面最强的，中间凸起设计使整体呈圆拱形，这样周边承受的压力也会更均匀，窨井盖更耐用；第二，因为圆的直径都一样，无论怎样摆放，圆形窨井盖都不易掉落井中；第三，圆形窨井盖不容易伤到人，三角形或正方形等都存在尖角。如果项目学习的对象是初中生，我们可以尝试把这个项目学习做成数学学科与初中物理学科的跨学科式项目学习。通过整合实现学科融合，就会让项目学习更加趋近于完美了。因此，我们将继续思考：如何继续深入开展这个项目学习？怎样才能用生动形象的方式让学生初步了解其中的力学奥妙？以这个问题作为着力点，用怎样的方式去引导学生的发散性思维过程，并最终直观的以思维导图的方式呈现出来？

2. 巧妙化用学生的错误

在学生第一次动手制作窨井盖模型的时候，出现了模型制作的问题。在项目学习中，我们要让学生真正成为学习的主体，使其思维始终处于积极的思考状态，为了实现这一目标，教师必须要懂得引导学生自主发现问题所在，再通过巧妙的交流点拨，让学生自主探究，真正理解窨井盖的特点，最终解决问题。正是因为有了第一次的试错，第二次制作窨井盖模型就进行得十分顺利，这正如特级教师华应龙所说："人生自古谁无'错'，'错'若花开，成长自来。"因此，我们不必担心学生会出错，只要正确地对待学生出现的错误，巧妙化"错"，项目学习一定会让我们从中受益匪浅。

第三章

结构耦合
中观课程的融会贯通

儿童是教育的中心。 从亚里士多德到夸美纽斯、卢梭等都秉持这一思想。 学校应关注儿童的发展，关注儿童认知能力和水平下的学习状态，让儿童站到课程的正中央，让课程凝聚儿童内在生长的力量，让学校成为学科课程拔节的理想地。 依照加德纳的"多元智能"理论，学校以儿童综合素质的全面提升为价值取向，按照基础教育的定位，人的成长和发展规律及儿童的个性特点，在梳理现有课程的基础上，富有针对性地架构课程，构建有层次、有活力、有特色、有水平的完整的课程结构体系，在课程内容上，关注"语言发展、逻辑思维、艺术审美、科学探究、体育健康、社会交往"六大核心素养。 这些课程对不同年龄、不同能力、不同兴趣的儿童而言，具有儿童需要的实际意义，真正实现教与学、知识与技能、课内与课外、认识与实践的融会贯通，学校全科育人的中观课程体系得以完善。

➡ 情理语文

让孩子的情感与理性悟思相融

　　"情"与"理"是人类生命的独特属性,是我们认识世界的一体两面,是语言发展过程中不曾偏离的根基。语文中的"人文性"需要"情"来唤醒,"工具性"需要"理性"来实现,两者相融才能达到灵动的教学目的。"情理语文"即倡导教师以"情理相融"的教学智慧营造积极的情理氛围,充分挖掘语文教材的情感和理性元素,引导儿童在体验人文情感的同时,对文本的内容、形式以及阅读的过程进行适度的理性分析。这一主张致力于儿童的情感与理性悟思相融,让儿童的情感更加丰富、真挚,点燃儿童理性悟思的火花,让语文学习更加灵动,丰厚。

　　南昌市南京路小学语文教师团队是一支扎实肯干,有着积极教研精神的团队。学校现有小学语文学科教师 40 人,其中中小学高级教师 2 人,中小学一级教师 23 人,中小学二级教师 15 人;省级学科带头人 1 人,市级学科带头人 3 人,市骨干教师 3 人,区学科带头人 4 人,师资队伍优良,结构合理,教育教学成果丰硕。2018 年,学校杨舸、魏红艳名师工作室喜获南昌市"优秀名师工作室"称号。小学语文教研组认真开展教研活动,积极参加各级教育主管部门组织的各类教科研活动,在教科研方面取得一定成果。

第一节　融会情理　感知语文魅力

一、 学科价值观

　　《义务教育语文课程标准(2011 年版)》中明确指出:语文课程是一门学习语言文字运用的综合性、实践性课程。义务教育阶段的语文课程,应使孩子初步学会运用祖国语言文字进行交流沟通,吸收古今中外优秀文化,提高思想文化修养,促进自身精神成长。工具性与人文性的统一，是语文课程的基本特点。

　　语文课程激发和培育孩子热爱祖国语文的思想感情，引导孩子丰富语言的积累，培养语感，发展思维，初步掌握学习语文的基本方法，养成良好的学习习惯，使他们具有适应实际需要的识字写字能力、阅读能力、写作能力、口语交际能力，正确地理解和运用祖国语言。同时，语文课程还应通过优秀文化的熏陶感染，提高孩子的思想道德修养和审美情趣，使他们逐步形成良好的个性和健全的人格，促进德、智、体、美诸方面的和谐发展。基于这种认识，我们认为，语文课程的核心价值是在生活中学习、运用祖国语言文字。

　　教学的意义是"教会"孩子"学习"。在《义务教育语文课程标准(2011年版)》的指引下，"情理语文"教学要根据学情和文体特点确定合宜的教学内容，选择合适的教学方式，来实现教学目标，这是教师教学的任务所在。情理课程中"学"显得尤为重要。首先，语文教学不仅仅是要教孩子课文的内容，更主要的是指点孩子学习语文的门径，让孩子掌握学习语文的方法，养成语文学习的习惯，即"授之以渔"。所谓"教"，也不是把教师已经掌握的东西全盘"端"给孩子，而是着重介绍自己读文章的思路和方法，鼓励孩子自己到课文中去摸爬滚打，尽可能自求理解，进而领悟读书之法。教师在教学中不能以"教"替"学"，必须发挥孩子的主体性，让他们在积极主动的思维和情感活动中加深体验，获得自我体验。

　　总之，作为教师，只有充分认识并肯定孩子是发展的、独特的、具有独立意义的人，才能放下架子，弯下腰来，倾听孩子的声音；才能根据语文教育的特点，注重熏陶感染、潜移默化，把"情感态度和价值观"的要求渗透于教学过程中。树立正确的教学观与孩子观，达到情理课程的目标，这才是处理好语文工具性与人文性关系的前提。

　　在我们的语文教材中还有对社会实践活动的要求。综合性实践是让孩子在做中学，鼓励孩子积极去收集生活资料、观察生活，积极探究，有利于培养孩子的动手、动脑能力，可以促进孩子之间的互相配合，提高他们解决问题的能力，有利于创新能力的发展。在实际教学中，我们要鼓励孩子深入实践，提出问题、研究问题、解决问题，了解知识的生产与发展过程，提高孩子的思维能力及解决问题的能力。"情理语文"课堂不仅要注重具体的字、词、句、章等语文基本知识和基本能力的积累,还要加强孩子情感、态度和价值观的教育,将内容与体会融为一体,将理论与情感联系在一起,将语文知识予以积累、消化、内化为自主的学识时,才能真正做到工具性和人文性的统一,从而真正提高语文素养,达成良好的语文教育。我们的语文课程是以善学求真为引领来设置课程为——"情理语文"课程。语文的世界充满"情"和"理",真正的语文教学就是让孩子感知、探索语文世界的"情"和"理"。

二、 学科课程理念

我校语文学科在不断的教学实践中,明确提出"情理语文"的学科理念,"情理语文"的课堂旨在追求"让孩子的情感与理性悟思相融"的境界。

情感如风,情感如阳光,情感如土壤。智慧在风的吹拂和阳光的照耀下,在肥沃的土壤里萌发、吐绿、生长。情感给智慧以动力和幸福的表情,而理智则给情感以诗意、哲理、文化和思维。它还给情感以理性的支撑和厚度,给情感以前行的方向和高度。但是,情与理的统一,需要一种外在力量的促进,这种力量就是教育。情感是语文学科的主要特征,小孩子的感性认识占绝对优势,如能适当地挖掘教材的"理"元素,积极引导孩子在情感体验过程中,对文本进行一番冷静的思考。这种思考旨在透析教材中所含的"理"元素,以达成"情感丰富"与"理性悟思"的相融,追求语文学科工具性与人文性目标的同步达成,促进孩子健全人格的形成。

教师只是课堂的维护者与组织者,孩子才是课堂中的主角。课堂中应达到孩子"书声琅琅,议论纷纷、高潮迭起,写写练练"的氛围。这样的课堂才是高效的课堂,这样的课堂才是"情理语文"下的课堂,同样也是一堂充满浓浓语文味的课堂。

"情理语文","情"可以理解为"情感、情境、情趣","理"可以理解为"道理、伦理、思维"。"情理语文"即情感语文、智慧语文,就是要充分地挖掘出语文课程的情感和理论因素,调动教师的情感才能,营造积极的情智氛围,追求师生情理共生,情理和谐发展的语文。"情理语文"最终目的是培养孩子智慧与情感的协调发展,达成情感丰富与理性悟思相融。

文章作者的思想情感有所活动才会用语言文字表达出来,读者通过披阅语言文字才能领会文章的思想情感。融汇"情"和"理"感知语文魅力,这样我们在语文教学中既传其情,又喻其理,把学生带到语文学科的艺术殿堂,从而增知识,长才干,开发智慧,陶冶情操。

"情理语文"不仅要陶冶孩子情操,培养审美能力,提高孩子文化素养;还要培养孩子良好的品格情操;还要让它着眼于发挥孩子智力和情感两者的潜能,让孩子的情感更加丰富、更加真挚,让孩子的智力更加丰厚、更加灵动。

第二节 贯通情理 丰富情感体验

《义务教育语文课程标准(2011年版)》指出：在语文学习过程中,培养孩子爱国主义感情、社会主义思想道德和健康的审美情趣、发展个性、培养合作精神,逐步形成积极的人生态度和正确的价值观;认识中华文化的丰厚博大,吸收民族文化智慧。关心当代文化生活,尊重多样文化,吸取人类优秀文化的营养,提高文化品位;培植热爱祖国语言文字的情感,增强语文学习的自信心,养成良好的语文学习习惯,初步掌握学习语文的基本方法;在发展语言能力的同时,发展思维能力,激发想象力和创造潜能。培养孩子能主动进行探究性学习,在实践中学习、运用语文;具有独立阅读的能力,学会运用多种阅读方法;能根据日常生活需要,运用常见的表达方式写作;具有日常口语交际的基本能力,学会倾听、表达与交流,初步学会文明地进行人际沟通和社会交往;学会使用常用的语文工具书。初步具备搜集和处理信息的能力。

一、 学科课程总体目标

依据《义务教育语文课程标准(2011年版)》、教参和教材,从"情理语文"这一核心概念出发,我校语文课程目标分为显性课程目标和隐性课程目标。显性课程目标包括语文识字写字、阅读、写作、口语交际、综合性学习五部分,隐性目标包括"人文素养""思维方法""道德品质"。

（一）语文显性课程目标

《义务教育语文课程标准(2011年版)》指出要让孩子学会基础的语文知识,即掌握一定的识字写字、阅读、口语交际、习作等能力,掌握基本的学习方法以及养成良好的学习习惯。同时,要激发和培育孩子热爱祖国语文的思想感情,引导孩子丰富语言积累,培养语感,发展思维,初步掌握学习语文的基本方法,养成良好的学习习惯,具有适应实际生活需要的识字写字能力、阅读能力、写作能力、口语交际能力,正确运用祖国语言文字。"情理语文"课程还应通过优秀文化的熏陶感染,促进孩子和谐发展,提高孩子思想道德修养和审美情趣,逐步形成良好的个性和健全的人格。

1. 识字与写字(包括汉语拼音)。识字、写字是阅读和写作的基础,是第一学段的教学重点,也是贯穿整个义务教育阶段的重点教学内容。低年级阶段孩子"会认"与"会写"的字量要求有所不同,小学阶段,整体要求孩子累计认识常用汉字3 000 个左右,其中 2 500 个会写。低段侧重要求孩子掌握汉字的基本笔画和常用的偏旁部首,能按顺序规则用硬笔写字,注意间架结构,初步感受汉字的形体美。汉字从图形表意到符号表意,再到音、形、意为一体的表意文字的历史过程中,象形字不必说,几乎就是画。指事字、会意字等所表现出的中华民族的创造力,也不得不令人叹服。在小学低段语文的识字写字教学中,只要我们对识字教学采取积极的审美态度就可以让孩子感受到:每一个字都有它透着的、蕴含着的美。从而让孩子欣赏汉字的优美造型,领略字形结构之美和蕴含的意义。只要我们充分挖掘汉字本身的美学内涵,寓教于美,寓美于教,两者水乳相融,相互促进,就可以起到很好的立美育人的效果。中高段侧重要求孩子对学习汉字有浓厚的情趣,有独立识字写字的能力,写字姿势正确,有良好的书写习惯。识字教学要注意儿童的心理特点,将孩子熟识的语言因素作为主要材料,结合孩子的生活经验,引导他们利用各种机会主动识字,力求识用结合。要运用多种识字教学方法和形象直观的教学手段,创设丰富多彩的教学情境,提高识字教学效率。

2. 中国传统文化阅读。语文是最重要的交际工具,是人类文化的重要组成部分。小学阶段,《义务教育语文课程标准(2011 年版)》要求语文教学应致力于孩子语文基本素养的形成和发展。语言文字是中华优秀传统文化的载体,是学习中华优秀传统文化的基础。只有掌握一定的语言文字基础,才能更好地了解和学习中华优秀传统文化博大精深的内涵。因此,小学语文教师要加大力度对孩子语言文字基础的培养，为教育中华优秀传统文化打下深厚的基础。首先，要教会孩子读准字音。在中华优秀传统文化经典中有许多的生僻字，孩子可以通过查字典、拼拼音等形式读准字音。其次是要识别一定数量的文字。在中华优秀传统文化经典中，有许多古今不同义的字词，了解它的古今意思，能更好地理解古文。再次是掌握一定的词汇量，如谚语、俗语及成语等。这些有助于我们更好地深入研读中华优秀传统文化经典著作。

中国的传统文化博大精深，典籍众多，或短小精悍，或长篇论著，或浅显易懂，或深奥晦涩。选择适合小孩子读的中华优秀传统文化经典就如大海中航行的轮船找到了前进的方向。并不是所有的中华优秀传统文化著作都适合在小学阶段读，所以，在选择中华优秀传统文化经典读本时，我们要慎之又慎，既要培养孩子诵读中华优秀传统文化经典的兴趣，又要蕴含做人做事之道理。并根据孩子年龄的差异安排诵读内容：如：低段学习《三字经》《百家姓》《千字文》《笠翁对韵》等；中段学习《弟子规》《增广贤文》《小古文》《成语故事》等；高段学习《论语》《唐诗宋词》《道德经》等。

3. 习作表达。"凡作文，须要胸中有万卷书的根柢"。综观古今中外文学大师，能在文章中纵横捭阖，广征博引，显示其深厚的文化底蕴，很大程度上取决于博览、勤读。大文豪鲁迅说得好："文章怎么做，我说不出，因为自己的作文，是由于多看和练习，此外并无心得和方法。"《义务教育语文课程标准(2011年版)》要求广泛阅读各类读物，并加以量化："课外阅读量不少于260万字，每学年阅读两三部名著。"书读多了，胸中列书万卷，视野随之开阔，在写作时就会"下笔如有神"。

4. 口语交际。口语交际是口头表达和交流的训习，它能激发孩子的写作欲望，有利于孩子书面表达能力的提高。所谓"我手写我的口"，所以，结合口语交际，教师可以不失时机地让孩子写话和习作，把听、说、读、写紧密结合起来，会收到事半功倍的效果。

5. 综合性学习。开展多样化的中华优秀传统文化教育形式。小学语文教学中开展中华优秀传统文化教育形式必须多样化，可以根据孩子年龄特征采用游戏、课本剧、歌谣、知识竞赛等多种形式进行中华优秀传统文化教育。让孩子在游戏中进行中华优秀传统文化的学习，在游戏中浸润中华优秀传统文化精髓。

（二）语文隐性课程目标

语文学科核心素养同样也包括能力和品格两方面。学科能力应该包括阅读能力、思考能力和表达能力，培养孩子的语感、学习方法、学习习惯。我们也把正确的价值观、科学的思维方式和良好的品格看成是孩子的三大核心素养。这三个方面是全面提高孩子语文素养的核心，它是语文素养形成和发展的基础。语文学习方法是指利于语文学习的行为总和和心理特征。语文学习习惯是长时间语文学习过程中养成的一种不容易改变的学习行为和心理倾向。学习方法与习惯既是语文素养的重要组成部分，又是学习的原动力。

1. 审美能力。语文课程与教学要引导孩子学习中国传统文化活动，从中让孩子认识中华文化的丰厚博大，吸收民族文化智慧，从中积淀丰富的审美体验、陶冶性情、涵养心灵；同时，还要启发孩子深入言语，悉心品味，作为语文课程的本质要素——言语形式之美，并在这言语形式中养成特色化和创造性的言语表达能力，能用闪烁着灵性和智慧的言语形式去创造具有独特审美价值的精神世界，给人带来新的审美享受。引导孩子感受传统文化之美，激发他们初步的审美体验，培养他们高尚的审美情趣，也是语文课程的重要内容。

2. 思维方法。任何学科都要培养思维能力和思维品质，语言不仅是思维的工具，又是思维的直接显示和思维的外化形式，一切学科培养思维能力都要以语言为载体。小学阶段要引导孩子在阅读、表达、交流等听说读写实践活动中培养语文思维；能运用想象与联想等方法，形成对客观事物的初步感知以及对语言和文学形象的初步判断；能通过概括、比较等方法，培养思维的灵活性、深刻性、批判性和创造性。

3. 道德品质。《义务教育语文课程标准（2011年版）》指出："在教学过程中，应使孩子受到爱国主义教育、社会主义思想品德的教育和科学的思想方法的教育，培养孩子的创造力，培养孩子爱美的情趣，发展健康的个性，养成良好的意志品格，逐步形成积极的人生态度和正确的价值观。"部编版小学语文教材，贴近孩子生活，课文大多渗透着作者的思想和情感色彩。我们在教学中就应当挖掘教材的德育因素，在完成教学三维目标中，有机进行品德教育。通过语文课堂积极开展对孩子的人生观、价值观、理想观的教育活动。孩子拥有的良好的个性和健全的人格，拥有良好的道德情操，才能达到我们所倡导的"情理语文"育人的终极目标。

"情理语文"的课堂既要强调人文性的情感、情趣，更注重工具性的文理及学理。同时，小学语文课堂上应该有两种趣味：情趣和理趣。情趣是指情调和趣味，理趣是指说理与明理的乐趣。有情有理或无趣无理的课堂都会让课堂变得枯燥乏味。有情趣，就有真情的感动；有理趣，就有深切的感悟。有感动，又有感悟，孩子的语文素养才会全面提升。既重视情趣，又关注理趣，才能达到情理共生、自然和谐的教学佳境。

根据《义务教育语文课程标准（2011 年版）》、教材和教学用书的要求，结合我校语文学科课程总目标和 1—6 年级的学情，我们设置了语文课程年级目标，详见表 3 - 1。

在教学活动当中，要充分开发利用情感因素，丰富儿童情感世界。与此同时，还要注重儿童的理性悟思能力的培养。语文教师必须要有良好的心理素质和积极、健康、丰富的情感。只有这样才能更好地实现情感教育，促进学生的全面发展。语文教师要加强教研能力，充分利用好开发的课程，挖掘教材中的情感因素，使儿童在情感上与课文的情感产生共鸣，激起内心的感情波澜，引发儿童的情感，进而理解课文，促进教学效果的提高。不仅如此，儿童的情感世界还会得以丰富，理性悟思能力还能得以提高。

第三节　构建情理　延展理性悟思

"情理语文"课程结构以《义务教育语文课程标准（2011 年版）》为依据，关注小学语文学科核心素养，结合孩子的发展特点以及我校孩子的孩子水平，从识字写字、阅读理解、口语交际、快乐习作、综合性学习五个维度出发。根据课程任务我校课程分为基础性课程和拓展性课程。基础性课程主要培养孩子终生发展和适应未来社会所需的共同基础，拓展性课程主要满足孩子的个性化学习需求，开发和培育孩子的潜能和特长，培养孩子的自我认知和自我选择能力。

表 3-1　"情理语文"各年段课程目标表

目标类别 年级	识字与写字	阅读	写作	口语交际	综合性学习
一年级	学会汉语拼音,借助汉语拼音认识常用汉字 700 个,正确书写 300 个。	阅读 3 万字以上的儿童作品,展开想象,获得情感体验,感受并积累优美的语言。	对写话有兴趣,留心周围事物,写自己想说的话,写想象中的事物。	认真听别人讲话,能讲述小故事和自己感兴趣的见闻。	对周围事物有好奇心,能就感兴趣的内容提出问题,结合课内外阅读共同讨论。
二年级	熟记《汉语拼音字母表》,借助汉字典认识常用汉字 1500 个左右,会写书 762 个,养成良好的书写习惯。	课外阅读不少于 3 万字,掌握默读的方法,积累和背诵自己喜欢的成语、格言警句和优秀诗文。	会利用逗号、句号和自己积累的词语写自己想说的话,并用普通话复述,态度大方有礼貌。	能自信的表达,结合语文学习,观察大自然,用口头或图文等方式表达自己的观察所得。	热心参加校园、社区活动。结合活动,用口头表达自己的见闻和想法。
三年级	利用字、词典等工具认识常用汉字累计 2 000 个,会写 1 237 个汉字体规范、端正、整洁,姿势正确。	体会课文中关键词句表达情意的作用。初步把握文章的主要内容积诵背 30 篇优秀诗文,课外阅读量不少于 30 万字。	不拘形式地清楚写下自己的见闻,感受和想象,能用简短的书信、便条进行交流。	能用普通话交谈,学会认真倾听,并提出学习和生活中的问题,有目的地搜集资料,共同讨论。	能在老师指导下组织有趣味的语文活动,在活动中学习语文,学会合作。

续　表

年级＼目标类别	识字写字	阅读	写作	口语交际	综合性学习
四年级	有主动识字的习惯，累计认识常用汉字2 500个，会写1 600字。能使用硬笔熟练地书写正楷字，做到规范、端正、整洁。	能复述大意，初步感受作品形象和语言。在诵读优秀诗文过程中领悟诗文大意，积累优秀诗文30篇，课外阅读量不少于30万字。	尝试在习作中运用，学习修改习作中有明显错误的词句，根据表达的需要，正确使用冒号、引号等标点符号。	听人说话能把握主要内容，并能简要转述，能清楚明白地讲见闻，说出自己的感受和想法，讲述故事力求具体生动。	用书面或口头方式表达自己的观察所得。在家庭生活、学校生活中，尝试运用语文知识和能力解决简单问题。
五年级	累计认识常用汉字2 750个，会写2 234字，有良好的书写习惯，硬笔书写楷书，力求美观。默读一般读物每分钟不少于300字。	初步领悟文章的基本表达方法，诵读优秀诗文，体会作品的内容和情感。背诵优秀诗文30篇，课外阅读总量不少于50万字。	养成观察的习惯，积累习作素材，进行记实作文和想象作文。学写读书笔记，学写常见应用文。	听人说话认真、耐心，能抓住要点简要转述，并乐于参与讨论，敢于发表自己的意见。	初步了解查找资料、运用资料的基本方法，学习辨别身边的是非、善恶、美丑。
六年级	累计认识常用汉字3 000个左右，会写2 500个，硬笔书写楷书，力求美观，有一定的速度。能用毛笔书写楷书，体会汉字的优美。	阅读文学作品，了解事件梗概和基本说明方法，抓住要点，并能找出有价值的信息。背诵优秀诗文30篇。课外阅读总量不少于50万字。	善于自我表达和与人交流。习作有一定的速度。书写通顺，行款正确，书写规范。根据表达需要，正确使用常用的标点符号。	表达有条理，语气、语调适当。能根据对象和场合，稍作准备，作简单的发言。语言美，抵制不文明的语言。	尝试写简单的研究报告。策划简单的校园活动和社会活动，对所策划的主题进行讨论和分析，学写活动计划和活动总结。

一、　学科课程结构

　　基于语文学科课程理念,"情理语文"按年级分阶段设计了课程。纵向来看,由浅及深体现螺旋上升,横向来看,涵盖各年级五个维度的学习,在字词基础上进行听说读写的训练,体现环环相扣。"情理语文"分为:字情字理、情理阅读、善于交际、快乐写作、乐于实践。"情理语文"学科课程结构见图3-1。

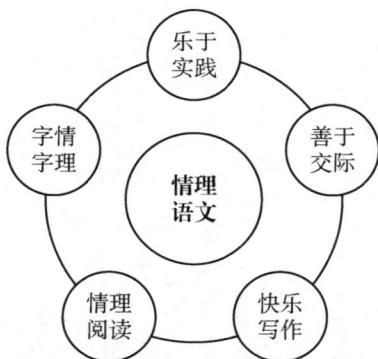

图3-1　"情理语文"课程结构图

（一）字情字理

　　识字写字,它是落实小学各年级识字、写字任务的内容。识字和写字是语文学习最重要的学习内容之一。《义务教育语文课程标准(2011年版)》指出:识字与写字是"第一学段的教学重点,也是贯穿整个义务教育阶段的重要教学内容"。情理课程重在激发孩子识字写字的兴趣,了解汉字的历史,引导孩子正确地运用汉字、规范地书写汉字,体会汉字的博大精深,从而热爱祖国的语言文字。

　　内容为生字开花、字字珠玑、学有所用、说文解字、书法艺术、创意汉字。旨在为孩子的自主识字打下基础、培育孩子主动识字的兴趣,提高他们的识字能力,从而热爱祖国的语言文字。

（二）情理阅读

　　《义务教育语文课程标准(2011年版)》指出:阅读是运用语言文字获取信息、

认识世界、发展思维、获得审美体验的重要途径。阅读教学是孩子、教师、教科书编者、文本之间对话的过程。中华民族的传统文化，是宝贵的精神财富，值得我们世代相传。而这些传统文化的精髓大多散布于以"四书五经"为代表的经典篇目中。因此在语文教学中，加强孩子古代经典的诵读，让他们在这些充满智慧的传统文化读物中，向千古圣贤讨教，这也是必要的立身之本。通过传统文化学习，旨在提高孩子独立阅读的能力和兴趣，学会运用多种阅读方法，培养较为丰富的语言积累和良好的语感，发展感受和理解的能力，探索在语文课堂中引导孩子在品读语句的过程中品味语言。

（三）善于交际

以教材练习中的口语交际为脚本，课外练习为拓展。通过师生、生生活动组织教学，旨在创设真实的情境，通过师生、生生互动交流，实践交际的本领，使得孩子具有日常口语交际的基本能力，学会倾听、表达与交流，初步学会运用口头语言文明地进行人际沟通和社会交流。

（四）快乐写作

内容为你说我写、乐写善思、跃然纸上、妙笔生花、绘本飘香、多维习作。快乐写作是运用语言文字进行表达和交流的重要方式，是认识世界、认识自我、进行创造性表述的过程。我们希望通过写作教学，让孩子愿写、乐写、会写。

（五）乐于实践

内容为学以乐用、用以促学、学以致用、妙用善思、学用相长、知行合一。通过语文综合性实践活动，促进孩子养成合作、分享、积极进取等良好的个性品质和交往能力，培养孩子收集信息和处理信息的能力和发现问题、解决问题的能力。与此同时，我们在班级中树立学生各种优秀品质的典型，如：刻苦学习，乐于助人，热爱劳动，团结友爱等，开展班会学习他们的事迹，并以说一说、写一写的方式赞扬他们的事迹，班级典型的学生事迹还可以以推送校公众号、校广播站、晨会的方式进行宣传，以榜样的力量去带动孩子，以潜移默化的影响教育孩子。同时课程要开展中华优秀传统文化教育,每一个春节、元宵节等传统节日,每一个历史人物,中华上下五千年,都有着深厚的历史文化积淀。一个节日,一个人物就是一个动人的故事,每个故事都承载着不同时期的文化与背景,以此为载体,搜集与这些传统节日相关的诗歌、故事,让孩子诵读、领会,对促进孩子人生观、价值观的形成一定很有效果,也是中华文化的积淀与传承。这不仅实现课程标准倡导的建设开放的充满活力的课堂,也体现课程学习中外古今文化的广泛渗透与融合。在中华优秀传统文化经典的学习中,本着从易到难、从少到多、循序渐进的原则进行经典诵读、背诵、赏析。从一年级至六年级,逐步递进,形成体系。我们也务必搞清楚,传承中华优秀传统文化教育是语文教学内容中重要的一部分,但过多的形式化也许会成为孩子们学习的负担,孩子们真正的收获应该是潜心下来,快乐诵读,才会有所收获。

二、 学科课程设置

我们遵循语文教育教学和孩子认识发展及成长规律,稳步推进并逐步完善"情理语文"设置,让学习水到渠成地体现真实、自然。"情理语文"课程设置不仅让孩子感悟、积累、运用语言,更重要的是让孩子探索、感知语文世界的"情"和"理",形成语文情怀和语文素养。因此在基础类语文课程之上嵌入"情理识字、情理阅读、快乐写作、善于交际、乐于实践",旨在六年时间里以螺旋上升的态势培养孩子的识字写字、阅读、思考和表达能力。

在按要求完成十二册统编语文教材的学习之外,我校根据孩子学习需求,开发了丰富多彩的拓展课程,横向分类,纵向布局,详见表3-2。

"完整的语文课时应该有情的,有情才会有感动;也应该是有'理'的,有'理'才会有悟思。无论是以'美读'和'深思'进行文本语言文字的深度开掘,还是对文本的二度开发和补充,都应以孩子的年龄特征为参考,与其心智相契合。从孩子的角度来设计教学环节,关注孩子知识与情感建构的过程,帮助其完成建构,应该是教师设计教学的出发点与归宿。唯有如此,才能让情感体验与孩子已有的情感共鸣,让理性思考与孩子已有的经验对接,真正将文字之情与生活之力相互融合"。[①]

---

① 陈晓冰.情理相润,让语文课堂走向灵动[J].教育实践与研究,2010-09-10.

表3-2　"情理语文"各年级课程设置表

年级	学期	情理识字	情理阅读	快乐写作	善子交际	乐子实践
一年级	上学期	1.拼音王国 2.生字找朋友；1.听写大赛 2.快乐传纸条	慧吟字经	亲亲校园；传统文化	1.介绍我自己 2.我想和你交朋友	1.绘本我作主 2.拼音大纠错；绕口令比赛
	下学期	1.儿歌大闯关 2.词语接龙 3.形声字找朋友；1.词语连连看 2.诗词大会 3.硬笔书法大赛	歌唱诗词	校园导游；感恩的心	1.打电话 2.故事大王	1.音序宝宝找朋友 2.查字典比赛；1.儿歌我会读 2.表演课本剧
二年级	上学期	识字开花 气球飞天 拾贝壳；一笔一画 迎让有序	绘本世界 儿童诗	童心童语；成长故事	彬彬有礼	寻找春天；春的旋律
	下学期	蔬菜入筐 放飞小鸟 小羊吃草；间架结构 书写之美	春意古诗 走进童话 畅读寓言	七彩童年；描绘春天	能说会道	津津乐道；言之有理
三年级	上学期	辨字对碰；撇捺舒展美	探索科学 绘本	七彩长廊情；美丽的贤士湖畔	你名字里的故事	语文放大镜；发现身边人的闪光点
	下学期	连句巧识字；间架有妙招	寓言欣赏	独具特色的玉兰；我的观察之旅	遍地花开	拾花闻香；我做了一个小实验

续表

年级	学期	情理识字	情理阅读	快乐写作	善于交际	乐于实践
四年级	上学期	错别之分 / 硬笔临摹正楷	走进法布尔	观察+想象	记录生活 / 大胆交流	了解赣鄱名人 / 了解名人故事
四年级	下学期	部首多辨 / 软笔临摹正楷	走进海伦·凯勒	积累，润色	细致刻画 / 呼呼感想	了解赣鄱乡情 / 了解乡音乡情
五年级	上学期	1.识字超市 2.你划我猜 3.火眼金睛	了解伟人毛泽东，《爱的教育》《昆虫记》《哈利波特与魔法石》	我是最佳推销员，缩写能手，我爱家乡	我和爸妈谈谈心 / 我是小小辩论家、月是故乡明、生活的启示	我是纠错小能手、我爱鉴赏、我爱演讲 / 我爱你中国的汉字、我爱阅读、我爱看革命影视作品
五年级	下学期	课外识字 扑克擂台赛 蛇形形接龙 / 你写我评、书写能手，我是小老师	走近四大名著、解读麦季，城南旧事《呼兰河传》	我是信息收集员，校园广告，感动我你	分享童年趣事 / "手拉手"交朋友、相声表演、你演我说	演讲我能行、最佳演员、书信日 / 我是最佳邮递员、我是小能手、说小品表演
六年级	上学期	分类部首 / 书艺修养	好书畅谈之中国名著	丹桂校园事	美食汇精 / 诗词悟真情	校花寄物语 / 初试小说
六年级	下学期	分辨音义 / 风骨成一派	好书畅谈之外国名篇	紫藤同窗情	游侠闯豫章 / 论语话真理	微影绎毕业 / 喜欢梦想

人的成长就是"情"与"理"的不断平衡与和谐,人性中包含着"感性"和"理性","感性"指的是我们细腻而丰富的情感,感性语文强调直接走近意义。而理性的"悟思"又是我们继续感知语文魅力的动力。"情理语文"不仅与语文学科的使命特质相吻合,与小学语文课堂追求的理想追求相吻合,也与师生成长的发展规律相吻合。融汇情理,让儿童感知语文世界的魅力,明白"情理语文"因情而生,以理而立,情在理中,理在情间。构建"情理语文"延展儿童的思维和悟性,依托优质课堂,让我们听到儿童成长的拔节声,也听到花开的声音。看到培养智慧的同时,也能深入学生的心灵,使学生聪慧明理,学会做人。

第四节　践行情理　创造精彩课堂

丰富的情感、严谨的理性是语文的内在呼唤。课本中所选的古今中外的文学作品往往都是声情并茂、情理俱臻的佳作。其中无饱含着作者浓浓的情感和对世界的感性、理性的真切认识,是经得起情与理检验的典范。语文学科,具有工具性与人文性统一的特点,是学习好其他学科的基础,也是培养孩子积极的人生态度,养成正确世界观和价值观的一门学科。小学阶段是孩子知识的萌芽时期,学好语文、培养情理尤为重要。我校"情理语文"课程以识字写字、多元阅读、口语表达、写作指导、综合运用等内容,通过课堂教学、课外阅读和社团活动等方式来实施发展孩子的思维,培养爱国主义、集体主义、社会主义思想道德和健康的审美情趣,培育热爱祖国语言文字的情感,激发想象力和创造潜能,逐步养成实事求是、崇尚真知的科学态度。

一、 打造"情理悦动课堂",提升语文学习能力

在原有的课堂文化基础上,学校进行了课堂教学文化的重新调整,聚焦孩子核心素养,依据陶行知教育思想,致力于打造具有允理惬情、入理切情的"情理课堂",更多地关注到学科核心素养,体现出扎实、充实、真实的"三实"特征,进一步明确语文学科课堂建设的方向。

（一）"情理悦动课堂"的特点与操作

1. 入情。情理课堂以人为本,关注师生的切实感受与体会,以促进师生的全面发展为终极目的。课堂教学是师生学习交流中充满活力的主要部分,全身心地投入课堂教学之中,进行着面对面的交流与分享,向对方真诚地诉说自己,在互动的交往过程中触动着彼此的心灵,实现着真正的教育,让师生共同提升,共同习得。在课堂上,孩子的学习是有灵动的。入情的标准是看孩子进来和出去时是否投入,是否与文本、课程、老师、同学真实投入的对话,在情感交流、思维碰撞中实现着知识的增长、能力的提升和人格的养成,引领着师生整体的发展和生命的完善与鲜活。

2. 渗理。有效的课堂不仅要有入情入境的投入与心灵的碰撞,更要有扎实的理论知识的渗透和习得。从不同的角度看待课堂,实际上展示的是不同的场景,不同的内容,不同的知识,不同的感受,每一节课都是不可重复的激情与智慧综合生成的过程。教师与孩子的心态在变化,知识经验的积累状况在变化,这是对师生智慧的挑战,要求师生必须根据变化的情形调整自己的行为,充分发挥他们的创造才能,调动他们已有的知识和情感体验,将自己独特的智慧融入课堂中,从而进行创造性的教学和创造性的学习,继而收获知识理论,掌握不同的学习方法,深深地感受到自己作为创造者的尊严和快乐。

3. 内化。情理课堂强调孩子是真正的主人,教师是孩子的平等对话者、沟通者、引导者、互动者、意义的建构者。在课堂上,孩子所习得的理论知识是固化的,但思维和体会是独特的,如何将理论与情感相互融合后,内化为怎样的结果也不是统一的,而是不同层次、不同高度的自我内化的。方向是一致的,情感的深浅不一,体会不一,内化输出的结果也有一定的差距。我们的课堂允许这种差距,我们更在意的是孩子真实的感受、真正的内化。课堂上,无论是孩子还是教师都能够享受到充分的自由,我们讨论感兴趣的话题,充分自由地表达自己真实的观点与感受,达到真实交流与分享。师生双方坦诚相待、共同合作、相互尊重、积极探究、不断进取,都能充分享受到教学的乐趣,共同实现智慧的生成和生命的升华。

"情理悦动课堂"的操作关键:

1. 分析"学情",聚焦真实问题。情理课堂的学习内容建立在分析学情的基础上，以问题的形式间接呈现出来。借助一两个问题，使孩子明确本节语文课需要解决的真实问题是什么，本节课要达到的学习目标是什么。在低年级，问题可以由教师提出，随着年级的升高，要逐步过渡为教师指导下的孩子主动质疑。所以，教师要从问题的"提出者"转变成孩子发现问题的"促进者"，并能够将孩子的问题进行梳理，聚焦成为一两个关键问题，以简明的问题驱动学习，引领孩子的自主学习。

2. 尊重"学情"，探究真实问题。在尊重学情前提下，引导孩子"自主探究"，孩子在核心问题的引领下，以自然简便的方式独立对话教材、产生静思默想的过程。教师在充分观察孩子动态学习的实际情况，进行适度的引导启发，或者在探究的过程中进行适时的提示帮助，但在教学的过程中要逐渐减少，要愈来愈多地放手让孩子自己探究。

3. 遵循"学情"，生成真实问题。教师在基于课标的基础上，把握孩子认知基础和规律，通过孩子学习过程及结果的"互动交流"，找到孩子"最近发展区"，并及时跟进，用简要的点拨，引发孩子主动联系已有知识和实际经验，进行深层次的思考，激励孩子勇于质疑，敢于创新，实现最大学习效用互动的学习交流，能够充分激发孩子的学习热情和动力。主要包括两个层面：一是同伴、小组之间的展示交流；二是师生之间的展示交流。在"互动交流"环节，教师要关注孩子的学习状态和学习效果，成为孩子愤悱时的"启发者"，有效生成时的"引导者"，精彩展示时的"激励者"。师生在观点的交流、交锋、补充、修正中，甚至是新问题的生成、讨论中，共享集体思维成果，并最终完成每个孩子对所学知识的意义建构，促进孩子学习发展力的不断增值。

4. 拓展"学情"。评议真实问题在课堂中，孩子充分的学习，如何能够达成目标？教师要善于为孩子提供运用本节课所学内容的某种情境，以利于孩子学以致用，举一反三。教师通过对学习过程与效果的观察，大体反馈出教师课堂教学的得失，为教师课中、课后的教学反思提供有利条件。教师可以立足反馈，灵活地采取孩子自评、小组评价、教师评价、生生评价、师生评价等多种评价形式将问题、难点梳理或进一步深化拓展，评价形式多样，但应是画龙点睛的实效的评价，以促进孩子丰厚学习，增厚积淀，实现自我。

（二）"情理悦动课堂"的评价标准

"情理悦动课堂"向 40 分钟要效率，课堂评价从是否具有"入情、入理"的课堂理念、"浓情、敏思"的教学设计、"现代、实效"的教学方式、"学思结合"的教学过程和"愉悦、和谐"的教学状态五个方面进行。"情理课堂"评价标准详见表 3-3。

表 3-3　"情理悦动课堂"评价标准

评价项目	评 价 要 点	评价	
		权重	得分
教学目标	1. 符合课标理念，能够做到以生为本。	5	
	2. 体现"情理语文"的特色。	5	
	3. 贴合实际，表述准确。	5	
教学内容	1. 适合孩子的发展需求，有利于培养孩子对于语文的兴趣。	5	
	2. 有利于全面提高孩子语文素养。	5	
	3. 积淀文学素养并学会应用。	5	
	4. 准确把握教学重点、难点。	5	
教学过程	1. 教学思路清晰，重点突出，层次清楚，结构合理。	3	
	2. 关注个体差异，面向全体孩子，让全体孩子都参与到学习中去。	3	
	3. 课堂生动有活力，能够激发孩子兴趣，提高孩子积极性。	3	
	4. 以孩子为主体，教师为主导。	3	
	5. 利用现代化信息技术，课堂形式多样。	3	
教学方法	1. 教学方法灵活多变，具有启发性。	3	
	2. 情境创设是否能激发孩子情感，和文本产生共鸣。	3	
	3. 注重问题设计严谨、合理。	3	
	4. 课堂评价多样、到位、有激励性。	3	
	5. 肯定孩子，激发孩子学习积极性。	3	
教学效果	1. 孩子能够正确理解语言文字并学会运用。	5	
	2. 全面达到教学目标，完成教学任务。	5	
	3. 孩子课堂积极，提高语文学习的积极性。	5	

续 表

评价项目	评价要点	评价	
		权重	得分
教师素质	1. 教态自然,语言准确,行为举止规范,板书美观。	5	
	2. 能够灵活处理课堂上所发生的相关事宜。	5	
	3. 具有一定的素养,不过分指责呵斥孩子,保护孩子自尊心。	5	
合计			

二、 建设"情理悦享课程"，丰富语文学习视野

"情理悦享课程"旨在通过学科课程来确定课程与学校育人目标之间的相互照应,分析课程对育人目标的达成支持度,优化课程体系,通过聚焦目标、构建链条、组合搭配、整合优化四个步骤,构建学科课程群。

（一）"情理悦享课程"的建设路径

根据语文学科师资力量,倡导教师在国家课程校本化实施的基础上总结经验,以语文学科为原点,设计语文学科特色"1＋X"课程群。"1"是教师所教授的国家基础性课程,"X"是指教师根据国家课程开展的拓展性课程,是基础性课程的延伸。

情理语文悦享课程中,情理是人的文化修养的最高表现形式,也是语文教学的灵魂。走进"情理语文",走进"情理课堂",感受语文的内涵本质。我们的语文不仅要把这种情理弥漫到教学的课堂上,还要把它播撒进孩子的心灵中,让学生享受课堂,享受语文。

（二）"情理悦享课程"的评价要求

课程群建设通过建立评估体系来保障其有效实施,"情理学科"应具有以下几项标准:

1. 课程哲学内涵丰盈。学科课程哲学指向清晰，与学校教育哲学保持一致，体现学校的办学理念，并具有其学科特色，内涵丰盈，指向清晰。

2. 课程目标指向清晰。学科课程群目标指向应依据学科课程标准及学校育人目标，基于学校实际，应将目标定位高于学科课程标准。

3. 课程内容丰富多维。学科课程群除规定的国家课程之外，拓展类课程应丰富多彩，以孩子需求为主，为孩子的全面发展搭建平台。

4. 课程实施科学高效。课程实施方法得当，措施有力，充分体现孩子的主体地位，有利于孩子兴趣的激发。教师教学效率高，教学效果好。

我们的课程评价努力做到多元、全面，结合过程性评价和终结性评价，发挥评价的诊断和激励功能，对孩子学习情况进行整体评价。具体评价细则见表3-4。

表3-4　"情理悦享语文"学科课程评价细则

A级指标	B级指标	评估标准	评估方式	权重	得分
课程哲学	课程哲学	课程哲学与学校教育哲学相一致。	查看课程方案	10%	
	课程理念	课程理念彰显学科课程特色，特色鲜明。		10%	
课程目标	课程总目标	总目标指向清晰，高于学科课程标准，与核心素养相对应。	查看课程方案	10%	
	分年级目标	年级目标与孩子年龄特点相符合，设定科学、可行，具有层次性。	查看语文课程方案、语文学科课程纲要	10%	
课程内容	整体设置	课程内容丰富，整体设置具有逻辑性，有梯度，有难度。与课程目标相一致，暗含课程目标，内容与孩子生活实际相结合。	查看语文学科课程纲要	10%	
	教材资源	教材准备充分，适合孩子学习，资源丰盈，形式多样。	查看语文学科教材	5%	

续　表

A级指标	B级指标	评估标准	评估方式	权重	得分
课程实施	课时安排	课时安排合理,有一定的科学性。	查看语文学科课程纲要	5%	
	课堂教学	课程实施方法得当,措施有力,充分体现孩子的主体地位,有利于孩子兴趣的激发。组织有序,指导孩子运用探究、合作等方法。	入班观课"行知课堂"评价表评价	20%	
	教学效果	孩子能在课程中知识技能明显提高,孩子喜爱程度高。		10%	
课程评价		评价内容具体,措施方法得当,权重明确。	入班观课查看学科课程纲要及孩子学业评价档案	10%	

三、 开设"情理悦读语文节"，拓宽语文学习空间

丰富多彩的节日活动课程,在体验教育和实践活动中丰富感性积累,提升理性认知,搭建学习和研讨的平台,在交流中促使孩子增强认识,增加能力,关注民俗风情,亲近传统文化,弘扬华夏文明。

（一）"情理悦读语文节"的主要内容及实施

1. 读书日——我阅读、我快乐。通过开展每周读书课、每学期读书节、每年读书日活动,营造积极向上、清新高雅、健康文明的校园文化氛围。从而激发孩子读书的兴趣,培养孩子爱读书的好习惯,真正体验到"我阅读、我快乐"。

2. 打造节日文化。通过了解节日来历、体验佳节风俗、积累诗文典故等孩子喜闻乐见的形式,挖掘传统节日的文化内涵,使孩子感受到节日中所蕴含的独特的民族情感。活动内容：中国传统节日(春节、元宵节、端午节、中秋节、重阳节等)以

吟古诗、讲民间故事为主题来开展活动,让孩子了解中国传统文化,学习有关传统文化的古诗词,激发他们对传统文化的兴趣,对祖国悠久文化的热爱。国际节日(父亲节、母亲节、儿童节、妇女节、护士节、警察日、劳动节等)以读诗歌、写文章的方式来表达对不同职业、不同年龄、不同角色、不同节日的不同心情与感受,充分将我们课程中的"情"与"理"融洽的结合起来,体现情理的内化与表达。

每一项活动我们以班级为单位评出各式"小达人",让他们每日清晨在广播站来分享自己的作品,让他们有成就,有继续学习、思考、写作、表达的兴趣与激情,同时也激发了其他同学的学习与创作的兴趣。

(二)"情理悦读语文节"的课程评价

"情理语文节"的评价通过以下标准:

1. 课程目标的达成度。课程目标应准确、清晰。

2. 课程实施的有效性。课程实施不流于形式,要全面铺展开,各班进行,实施形式丰富多彩,有利于提高孩子的兴趣。充分和孩子的生活相结合,具有一定的教育意义。

3. 每项活动有计划、有实施、有评价、有展示、有延续。

四、 组织"情理悦行社团",培养语文学习兴趣

孩子社团是现代学校建设的重要资源,随着课程内容的不断拓展,孩子社团已经成为发展孩子自主管理的新型课程,是实施素质教育的重要内容。"情理悦行社团"以"求兴教育"哲学为指导,在孩子喜闻乐见的生活情境中组织社团,以每名孩子的真实兴趣和特长组建社团,在学校校园文化建设中起到了提升层次、构建载体、凝聚孩子、群体示范的作用,从而形成学校的品牌项目。

(一)"情理悦行社团"的主要类型及内容

"情理悦行社团"建设以"语文兴趣"为主导,通过培养孩子的兴趣爱好,发展个性特长为抓手,为孩子提供展示自己爱好与技能的广阔舞台,展现最真实的自己。有小梨园戏剧社团、万花筒记者社团、小荷吟诵社团、小百花表演社团、金话筒主持

社团、小百灵广播站社团等。通过这一系列展示舞台,培养孩子学习的兴趣,增强孩子的自信,促进孩子身心发展;培养孩子的团结合作的能力和精神,在实践中塑造孩子的坚强毅力;丰富孩子的知识,尽最大可能地发挥出自己的才智,挖掘自身潜力,发现、发展自身特长。

"情理悦行社团"的实施途径如下:

1. 规范的团队建设。小社团由兴趣爱好相同的少先队员自愿组成。有15名以上的孩子,有1位教师、1名辅导员。社团小干部根据孩子的专业学习能力和态度由孩子民主选举产生,报学校德育处批准,有较为明确的分工。

2. 鲜明的社团章程。(1)有名称:提倡有特色、有亮点、有童趣的社团名称。(2)有标志:标志由孩子自己创立,能够充分鼓舞士气,体现出大家的愿望。(3)有团训:有一句响亮的团训,突出社团丰富多彩的活动、积极向上的精神面貌。(4)有要求:章程中要条目化地明确规定对社团的成员、老师、辅导员的相关职责,活动性质、活动内容等的具体要求。

3. 完备的社团硬件:有合适的场地;具备相应的设备;布置集知识、趣味、娱乐、特色为一体的丰富多彩的室内、室外环境。

4. 丰富的社团活动。(1)有完整的年度活动计划、活动记录、活动总结。(2)有具体的每学期、每月活动计划和记录。

5. 成果展示。(1)每周的活动以文字、图片形式等记录,向家长展示孩子们成长历程。(2)每月每个社团轮流在学校公众号中汇报展示团员的学习成果。(3)每学期一展演,通过文化长廊书画展览、文艺汇演形式进行成果汇报。(4)在每一次的活动中注意积累各种原始材料(方案、计划、总结、活动图片),为日后的展示活动提供充分的保障。

6. 考核与奖励。对在社团活动中表现突出的孩子,社团负责人可上报德育处给予该孩子表彰以资鼓励;对活动中表现突出的社团,给予社团负责人表彰奖励。孩子累计有3次以上(含3次)不参加社团活动的,即被取消资格。

(二)"情理悦行社团"的评价要求

"情理悦行社团"的评价目的和方法等应具有全面性、系统性,应按照动态生成、真实情境、多元评价、尊重差异、注重过程、关联结果的基本取向开展评价工作。具体评价标准见表3-5。

表3-5　"情理悦行社团"语言素养类社团评价表

评估内容	评 估 标 准	评估方式	得分	
			自评	督评
课程规划 30分	社团有规范、健全的组织机构,有活动场所。社团指导教师,能够指导孩子社团建设。15分	访谈孩子、查阅资料		
	有社团章程和管理制度,有计划、有总结。工作计划任务明确、重点突出、措施得力。工作总结全面具体。15分	访谈孩子、查阅资料		
课程实施 40分	社团活动常态化、规范化,做到前有计划、后有总结。每学期活动不少于15个课时,过程性资料详实。20分	查阅资料,访谈孩子		
	社团每学年至少进行1次校内交流展示。20分	查阅资料		
课程评价 30分	有固定的招收团员办法,根据社团现状,适时招收团员。社团规模建制不少于10人,每学年至少对团员进行一次评定。15分	访谈孩子、查阅资料		
	积极参加本社团组织的各项活动,并积极参加各级比赛,获得荣誉表彰。15分	访谈孩子、查阅资料		

五、 开展"情理悦思活动",拓展语文实践空间

"情理悦思活动"课程以孩子的直接经验为主,通过孩子的亲自实践,主动发现和获取有关的知识,并使技能、能力、情感、意志等得到训练和培养。主要价值在于让孩子活动,获得对现实世界的直接经验和真实体验。与学科课程可以相互补充,相得益彰。

(一)"情理悦思活动"课程内容

开展"循生活事情,与经典同行"读书系列活动,"飞花令"诗词赏析课、群文阅

读活动、周一升旗仪式上进行好书推荐活动等。

（二）"情理悦思活动"课程评价制度

"情理悦思活动"评价运用发展性评价方式，就是依据每项活动方案中的目标，按照一定标准和运用一定方法，对教学过程和教学结果的价值判断。要求注重过程、尊重多元、注意反思，其具体体现在关注孩子获得结果和体验的过程，尊重个性自我的表达方式，反思自己的实践活动，自我改进。具体评价标准见表 3-6。

表 3-6 "情理语文悦思活动"课程评价表

评价项目	评价要点	权重	评价标准	得分
活动目标和内容	目标明确	5	符合学校育人目标，与学校课程目标相对应。	
	切合实际	5	贴近生活，贴近孩子，丰富孩子的直接经验。	
	内容丰盈	5	引入多种信息，运用多种知识。	
	内容实用	5	容量适当，难易得当。	
活动方式方法	组织形式	5	组织形式符合孩子的成长规律。	
	活动方法	5	方法得当，多法结合，以活动为主。	
	指导方法	5	指导适量，方法得当。	
活动过程	活动要素	18	活动方案详实，活动组织得力，具有安全性。	
	活动步骤	12	活动步骤详实，具有逻辑性，过程紧凑，张弛有度。	
活动效果	孩子自主性	10	活动充分体现孩子的自主性，孩子参与整个活动的方案筹备、活动过程和活动评价各个环节。	
	孩子能动性	15	孩子参与面广。活动参与过程积极。	
	孩子创造性	10	活动方法多样，有相应的活动成果。	

六、 开展"情理悦秀赛事"，营造语文学习气氛

开展"情理悦秀赛事"课程，每年一度的各种赛事评比，发展孩子的特性、特长，展示孩子的风采。

（一）"情理悦秀赛事"课程内容及实施

1. 经典诵读比赛。每年 4 月组织全校范围内的吟诵经典的比赛,以班级为单位,所有班级参加,每班作品 5—8 分钟。

2. 规范书写比赛。每年 4 月组织全校范围内的规范书写比赛。一、二年级为五言古诗,用铅笔书写;三、四年级为七言古诗,用钢笔书写;五、六年级为经典美文,用钢笔书写。

3. 课本剧比赛。六一前夕,各年级组织开展课本剧比赛。比赛先在各年级组织推荐的基础上,然后参加学校层面的比赛。

（二）"情理悦秀赛事"课程内容评价

"情理悦秀赛事"以各种比赛为课程内容,需要具备详细的比赛规则,对每门赛事课程的评价,我校是从如下方面展开的:

1. 比赛体现"以人为本"的理念。教师在活动中,要注意角色的转换,要从过去的主导、主角的地位向孩子学习的伙伴、朋友、知己的角色转换。

2. 比赛具有"公平公正"的规则。每项赛事,都要建立完备的赛事方案,尤其对比赛规则的确定,要有严密的评分系统,避免出现比赛不公正,影响孩子比赛成绩的现象。

3. 比赛的效果乐于接受。比赛不能为了成绩而进行,而是要将比赛的内容融入日常的教学行为中,使孩子的技能不断得到提高,不能搞突击训练,影响正常教学秩序,使孩子产生负面情绪。

4. 比赛全面关注孩子。比赛的结果应全面关注孩子,对不同层次的孩子根据需要设定不同层次的标准,以激励原则为主。

践行"情理语文"课堂就是师生以文本为媒介,以课堂为载体,进行思想、情感交流的双边活动。践行"情理语文"课堂,在学生已有的知识基础上,能够激起学生在情感上的共鸣,在理性认识上不期而遇,创造出师生都教学相长的画面。教师教得兴味十足,儿童学得情趣盎然、乐此不疲,然后呈现出精彩的课堂。

第五节　升华情理　润泽精神世界

　　小学语文的学习有感性和理性。学习过程就是就是细读作品,感受作品的语言美、韵律美、形式美,把自己的人生感悟融入作品,深入体验作品内蕴的生命情感,以此获得理性悟思的过程。

一、加强课程价值领导

　　"情理语文"是我们共同的教学追求。我们把教育本质中的"情理"融入语文教学,让传情、用情、懂理,在教师的唤醒、激励和鼓舞中真实体现,力求形成生机有趣、返璞归真、高效灵动、自主创新的教学特色,倡导"正视问题,直抒真言;表达真我,智慧碰撞;追求真知,和谐共处"的教研风气,确立"找准聚焦点,明确结合点,把握着力点,落实行动点"的价值追求策略。

二、开展"情理语文"课程研讨

　　1. 情理语文大讲堂。加强教师课程方面的专业培训是保证课程具有长久生命力的重要措施。情理语文大讲堂将校外的教育教学专家请进来,为教师进行专题性业务培训;请儿童心理学专家进行讲座,使我们更加了解儿童身心发展特点,便于更好地在课堂中落实"情理"语文;请区教研室的多位教研员到我校做有关课堂文化及语文学科专业方面的报告及指导;请教科所专家对我们的课题研究进行现场"诊断";请书法家进行书法指导,提升语文教师基本功,在课堂中落实"理"语文的教育教学。情理语文大讲堂的培训,不仅为我们课堂中出现的诸多问题答疑解惑,也让老师们既看到方向又学到方法。

　　2. 情理语文落常规。学校为语文组教师搭建了积极进取的竞争舞台,按"日——周——月——期——年"模式,落实"五个一",层层监督检查,并量化结果。每日一检,早读辅导与文明从教;每周一展,基本功作业与特色课堂活动;每月一查,教案编写、作业备案;每期一成果、优秀作业、优秀案例等评比;每年一评,年度优秀教研组等荣誉的公开评选,在此框架下,逐步建立了"计划——检查——反思——激励"的管理模式,形成一套有效的课堂教学管理机制,使日常管理规范化、科学化和有效化,扎实践行绿色课堂教学。

3. 情理语文教研会。语文各教研组以校本教研为平台,立足童真语文课堂,以"情理语文课堂评价标准"为准绳,不断提高教育教学质量。首先,以课例为载体抓好"四课",每学期各语文教研组确定研究的课型,并制订具体的课型研讨方案。教导处通过抓"四课"对其进行指导与考核。"四课"皆围绕组内的课型进行系列研讨,既是青年教师凸显个性成长的平台,也是骨干教师展示的舞台,更是全体教师相互交流、相互学习的支柱。其次,教研会中突出"汇报"即每学期末,各个教研组在上同一课型下的多个课例基础上,对该课型的研讨进行总结,形成有形成果进行全校跨学科汇报评比。阶段性的总结汇报促使课型研讨活动扎实而有效的开展,从经验的积累到问题的凸现都是我们践行"情理语文课堂"的体验。

4. 情理语文"读、看、思、行"。搭建教师互动交流的情理语文读书会活动,教师通过不断地学习来提升学科知识,发展终身学习的能力。语文组教师在"一读、二看、三思、四行"的模式中落实"童真语文课堂"理念的基本思路,即读书,外出观摩学习,反思和践行。"读——看——思——行",是一条教师专业成长的循环之路。老师专业的快速成长已成为"情理语文课堂"的软实力,极大地推动了学校课堂文化建设。

三、 健全规章制度

以我校品牌"杨舸、魏红艳名师工作室"为主要阵地,制定《"情理语文"课程实施管理制度》《"情理语文"课程评价标准》等课程建设的具体要求、评价标准以及管理办法等相关文件,为课程开发与实施提供制度保障。我们深知只有构建专业化的课程管理制度,才能促进课程的有效实施及持续有效开展。激活教师主动发展的内驱力,语文教师的专业化发展成为语文课程建设的关键。为课程构建更添活力,我们力求把创造还给教师,让课程充满智慧的挑战。把发展还给教师,让课程成为成长的家园。将课程开发与常规教育教学活动、教研活动、校本培训、教研组集体备课等有机整合,使实践问题得到理性的反思;结合学校培训,使教师参与研究课程开发与实践。三要规范实施过程，规避课程缺失，有利于每一个孩子全面、和谐发展。学校、教务处和年级教研组三级管理网络，各级管理机构在各自的职责范围内实施对课程的管理。

1. "情理语文"学科建设制度。课程开发重心化。语文教研组负责学科课程的开发、管理、实施和学业评价。倾听孩子内心需求与发展意愿，根据孩子的培养目标，兼顾教师的个性特点和兴趣特长，挖掘地方学科特色资源，开发适合校情和学情的语文学科课程。原则上每位教师参与一门拓展或活动课程的开发，并作为教师专业发展和考核的重要依据，使教研活动项目化。教研活动定点定时召开，会议的形式有集体备课、评课、理论学习等公开活动定时定点进行。利用团队项目化研究的方式，建立突破教育教学难点的研讨平台，促进教师专业素养的整体提升，提高团队协作意识，同时，也为学校提高教育教学质量提供了保障。

2. "情理语文"课程认证制度。主要对语文学科课程设置体系、内容结构、教材编写和安排的指导思想、原则方法等理论问题进行研究认证。认证方式采用内部评估、实地调查与评估、专项评估会议等课程认证时间安排为学期末。学校通过集中会议征集任课教师对语文课程建设的意见，并修改完善学科课程方案。组织孩子问卷调查，了解孩子对课程的看法，听取家长、社会多方建议。把汇集到的认证信息集中汇编，以指导下轮课程开发。

3. "情理语文"成果分享制度。开展期末课程成果分享活动，促进各课程间的相互观摩与学习、切磋与交流，请孩子、家长与学校参与课程意见征集，从而完善语文学科课程构建、实施与评价。

4. "情理语文"质量评价制度。评价、课程、课堂被称为教育内涵发展、品质提升、本质展现的三大内容，因此，教育质量综合评价改革也应在更高的层面上进行思考和推进。学校多次审视评价体系，确定了三个方面的评价内容：孩子综合评价、教师综合评价、课程综合评价，具体实施如下：

（1）儿童综合评价。改变传统的评价方式，关注孩子学习的过程与可持续发展。构建符合孩子综合素质发展的多元评价体系，发挥评价的引领和激励功能。采用"1＋1＋X"的评价模式，即过程性评价、期末评价与活动性评价相结合。过程性评价：采用观察记录的方法，结合师评、孩子自评、互评等形式，对孩子在课程学习过程中进行常规评价,根据各年级学期初所制定的评价标准与方法,定期反馈评价结果,并将过程性评价采用孩子喜闻乐见的班级评比榜贴星、米学 APP 集小红花以及师生描述性评价语言记录。期末评价:围绕学科课程标准,教师结合语文学科"汉语拼音""识字与写字""阅读""口语交际""习作""综合性学习"等内容,进行以班级年级为单位的书面测评和游园活动测评。活动性评价:紧密结合孩子、资源、教师、学校文化的实际,逐步形成多样化、个性化、持续化、易操作的评价机制。通过开展"语文学科周"及特色活动,对孩子的学科素养进行评价。

　　(2)教师综合评价。对语文教师的教育教学工作加强质量监控,实施质量过程性管理。不断优化教学手段,发挥引导作用,参考《情理课堂评价标准》量化评分,使"情理语文"课堂特色进一步明显,除此之外,教导处组织检查常规教案的编写与修改、反思;分年级组织教师坚持学习培训,完成培训记录;年级教研组内坚持听评课,完成听课记录;教师个人坚持阅读,完成阅读记录并分享。逐项纳入教师考核、学期工作等级评定。

　　(3)课程综合评价。学校领导带领语文学科课程考核小组,通过问卷调查、座谈访问等形式,对实施中的课程进行诊断分析,在核心素养背景下对语文教师课程实施水平进行评价,有利于促进教师发展。"情理语文"课程实施水平评价项目见表 3-7。

表 3-7　"情理语文"课程实施水平评价表

"情理语文"课程实施水平评价项目		评价等级		
		优秀	良好	一般
教学理念	1. 了解"情理语文"课程理念。			
	2. 体现新的课程观、教学观、孩子观和评价观。			
教学基本功	1. 教态亲切自然、富有亲和力、感染力。			
	2. 语言规范、准确、丰富、简洁、生动、清晰、流畅,有个性化语言风格;教态亲切、自然,能以充沛的精力,饱满的热情,健康的心理感染孩子。			
	3. 知识面广、视野辽阔,信息处理综合能力强;课堂中能应用新知识、新方法、新理论、新手段、新技术。			

续　表

"情理语文"课程实施水平评价项目	评价等级		
	优秀	良好	一般
4. 善于调动孩子的学习积极性,善于点拨、引导,善于应变。能恰到好处地评价孩子的态度、表现、能力、个性和知识、技能。			
课堂教学 1. 解放尊重孩子的主体地位;关注不同孩子学习需求。			
2. 丰富创造性使用教材;综合能力全面发展。			
3. 立体注重学科资源的整合与开放;多媒体技术运用有效、恰当。			
4. 灵动注重情景创设,关注课堂生成;善于激励调控,注重接受与探究方式的结合。			
5. 缤纷教学方式多彩,提高课堂效率;多种评价方式,促进孩子发展。			
6. 情理学习情绪饱满,全程投入;善于观察、思考,与同伴合作;乐于表达个人见解,品情思理,勇于探究难题。			
教学研究 1. 积极参加研讨课。每周坚持听评课,完成听课记录。			
2. 主动反思教学,不断改进教学方法,并能交流共享。			
3. 教研能力强,有相关论文或课题并进行展示。			
创新能力 1. 创造性开展教学,形成独特教学范式。			
2. 开发拓展课程新资源,整合现代教育手段提高教学质量。			
他人评价 1. 学生评价			
2. 家长评价			
3. 同行评价			
4. 其他人员评价			

评语:

　　总而言之,小学语文课堂过于理性会显得呆板,过于感性会感到散乱,不要在二者之间摇摆不定,要努力寻找一个最佳的平衡点,让二者能够相得益彰。"情理语文"就是找到这个"点",它不仅要对孩子进行情的陶冶和理性悟思的引导,还要看到儿童个性化的感悟和深层次的思索,它注重感情的情感、情境、情趣,更不放弃理性的道理、伦理、思维。"情理语文"要为儿童构建一个丰富的情感世界,也要创造一个深刻的理想世界。

第四章

学习共振
中观课程的多重绘景

英国课程学者斯基尔贝克说："设计课程的最佳场所在学生和教师相处的地方。"的确，课程应该是在师生与真实生活世界的互动中不断生长的。 在中观课程的实施过程中，我们充分发挥学科课程群的优势，以具体有效的策略逐步培养学生自主、合作、探究的学习能力，采用适合儿童学习特点的多样的、活跃的学习方式，如"走班式"的行走学习、"聚拢式"的群聊学习、综合实践等提高儿童的学习兴趣，重视孩子们直接经验的获得，让孩子们亲近自然、走进社会，通过一系列的实践活动扩充和丰富孩子们的经验和见识。 我们努力把以学科为中心的课程转换为儿童与社会有机融合的课程，以儿童为本，为生长而来，让儿童在中观课程的实践中丰富体验、拥有收获、获得发展，拓宽儿童的生命视野，从整体上提高核心素养。

➡ 智创美术
让儿童用画笔描绘创想中的世界

儿童也有自己眼中的世界,他们年纪虽小但也渴望表达,他们通过什么方式来抒发情绪呢? 那就是绘画。儿童拿起手中的画笔来描绘心中美好的事物,几块色彩构成的画面也是他们心中的世界。我们要让儿童亲近自然,走进生活,习惯自由表达,用儿童的眼光和思维看色彩斑斓的世界。儿童一张张涂鸦有着独特的创意与思想,是思维的锻炼与智力的提升过程。在生活中,让儿童感受美术的熏陶,让儿童善于思考、乐于表达、乐于创新;在课程中,多给儿童设计、欣赏、体验生活的机会,让每一名儿童都能用画笔描绘创想中的世界。

南昌市南京路小学美术学科教研组由在岗在编的 5 名美术专职教师组成,均为中小学一级教师,其中区学科带头人 1 人,区骨干教师 3 人,区优秀青年园丁 1人。师生绘画作品多次参加江西省教育厅和南昌市教育局举办的艺术节比赛并获奖,多次在全国、省(部)、市、区级优质课评比以及南昌市美术教师基本功大赛中获奖,教育教学论文分别获全国、省、市、区级奖。美术教研组连续多次被评为东湖区优秀教研组,这为我们进行课程建设提供了有利的条件。依据《义务教育美术课程标准(2011 年版)》,全体美术老师提出"智创美术"的学科理念,秉承"智创美术"课程追求,构建智创美术课程体系,让儿童在课程中善于思考、乐于表达、乐于创新。

第一节　让每个儿童展示自己的生命原色

我们认为美术课程的核心价值是将儿童培养成具有想象力和乐于创新的人。作为老师,我们觉得培养儿童的创新力很重要,为实现这一目标,需结合现有的教材,对教材中课程重新挖掘其中的创新教育因素,然后熟悉每门课程的特点,开展美术活动。在思考、交流、创作过程中锻炼儿童的记忆能力、观察力和思维能力。点燃儿童的创作热情，满足儿童的学习需求，让每一个儿童都闪光，让儿童更聪明、有个性。

一、 学科价值观

《义务教育美术课程标准(2011年版)》中指出："美术课程凸显视觉性，学生在美术学习中……发展感知能力和形象思维能力。美术课程具有实践性。学生……运用传统媒介和新媒介来创造作品，发展想象能力、实践能力和创造能力。"

美术课程的视觉性，意味着教师应帮助儿童学习如何用具有思维的眼光去"看"，提高视觉思维的能力，发现不一样的精彩。如儿童看线条时只是会判断这是什么，那么教师则要培养儿童用思维的眼光看。不同的线给人的感觉是不一样的，直线给人坚固的感觉，曲线让人感觉流畅等，儿童通过老师的讲解再根据自己的想法和意愿，创作新的形象，在教师的引导下提高自己的形象思维能力，形成儿童的创新精神和技能意识。因此，美术教师建立"智创美术"课程群，探讨学科建设的问题，"智创美术"课程的实施，就是要让儿童在课程的实践中通过老师的热情引导和教学，逐步提高儿童的创新思维能力，从而发展好智力。

二、 学科课程理念

我校美术学科在不断的教学实践中，明确提出"智创美术"的学科理念，"智创美术"的课堂旨在追求"让儿童用画笔描绘创想中的世界"的境界，"智创美术"就是全面细致地从发展儿童的思维入手，不仅提升儿童的思维能力而且智力也将获得更好发展；"智创美术"，不单单是让儿童发现美，培养审美能力，还要教会儿童如何思考，帮助儿童表达习惯的养成。让他们习惯用色彩、线条表达自己的感受，形成自己的个性。儿童从观察生活、寻找材料、抒发情感到用画笔大胆表达个性作品，就是一个思维、情感和智力提升的过程，因此智创美术课程的实施，是让每个儿童勤于思考、乐于表达、乐于创新，展示自己的特色，描绘创想中的世界，在学习过程中提升智力。

"智创美术"关注个体。立足于每一个儿童的发展，用爱心关注儿童成长的每一个阶段,相信只要用正确的方式去引导,每个儿童都能得到良好的教育,不应抛弃差生、落后生,而应根据每个儿童身心发展的特点,因材施教,使孩子的兴趣和特长得以不断生长,挖掘各个儿童不同的潜能,儿童在你的关注、信任和称赞中学会肯定自己、接纳自己,使自己变得勤于思考、乐于表达、乐于创新。

"智创美术"重视情感。我们美术学科不同于其他学科,儿童有了积极的情感才有利于大胆创作,积极大胆地用色,所以在教学活动当中,要充分开发利用情感因素,丰富儿童情感世界。美术教师要注意将情感始终贯穿于教学过程,只有这样才能实现情感教育,从而促进儿童的身心全面发展。在创作过程中教师要加强教研能力,充分利用好开发的课程,挖掘教材中的情感因素,使儿童在情感上与美术的情感产生共鸣,激起内心的感情波澜,引发儿童的情感,进而理解美术,促进教学效果的提高,我们要把机会留给儿童,把空间留给儿童,让他们抒发个性,自由表达。使他们主动学习、积极学习、乐于学习。在实践体验活动中让儿童有感情地去看,去体验、观察艺术品的造型、色彩,有了深切的感悟,色彩的感觉能力自然就会提高,儿童的美术素养才会全面提升。

"智创美术"浸润文化。美术源于生活,又与生活紧密联系,美术除了技巧、技能的掌握,更是一种文化的学习,让儿童在"广泛的文化情境中认识美术",可以使儿童的视野变得开阔。教师在上课时多展示不同国家名画家的作品,同一主题不同风格的画,让儿童了解画家的绘画情感和风格来历,通过优秀文化的熏陶感染,美术文化的魅力真正渗入教材、到达课堂,让每个儿童通过课程的浸润,拓宽思维广度,发展核心素养。

"智创美术"体现创新。绘画不仅是传授技能,创新才是儿童绘画的重点。通过智创美术课程,围绕创新目标,挖掘课程中的创新教育成分,我认为创新力的培养是可以实现的。首先,培养儿童争优意识的同时培养儿童的独创意识和变化意识。把不好的作品变一变,改一改,把线条、点、色彩调子变一变,其实也是一种创作。其次是教师对儿童创新思维能力的培养。培养儿童用思维的眼光看物体,儿童在独立思考、互相交流中不断强化自己的思维记忆,创造出新的形象。再次,美术活动中,应该多给儿童看实物图片、图景。美术不同于其他学科,对于儿童,特别是低年级的学生,脑中显现更多的是实物图像,比如二年级"奇妙观察站之奇特的昆虫"这一课程,从不同的角度观察、欣赏图片,让儿童发现昆虫世界的奇妙,昆虫翅膀的特点,展开丰富的联想,有了新的感觉和体会,儿童才能创造出新形象的作品。画的时候教师也只是画出模板,剩下的空间就留给儿童自己进行想象,个性添画。总之,创新力的培养要重视儿童直接经验的获得,让孩子们亲近自然,走进社会,激发好奇心和兴趣,儿童对事物好奇就会动脑筋观察研究事物外形、结构,这样通过观察想象和形象思维,描绘创想中的世界,儿童的脑子就动起来了,在学习过程中提升了智力、创新能力,渐渐地就喜欢参与到美术活动中了。

第二节　以美铸魂,激活儿童对美的表达

依据《义务教育美术课程标准(2011年版)》,结合"智创美术"的课程理念,结合我校的实际情况制定与实施美术课程。在课程中提倡深度学习和个性化学习,在实践过程中使儿童世界得到丰富和扩展;目标聚焦在引领儿童通过课程的充分学习,在培养审美能力的基础上激发个体生命,提升思维力、创造力、想象力。并且逐步形成良好的个性和独立的人格。使儿童乐于参与体验活动,习惯用色彩、线条表达自己的感受,用画笔描绘创想中的世界。总之,让儿童智力得到提升,个性和情感也得到良好的发展,才能逐步促进儿童独立人格的形成和全面发展。

一、 学科课程总体目标

《义务教育美术课程标准(2011年版)》指出:"学生以个人或者集体合作的方式参与各种美术活动,尝试各种工具、材料和制作过程,学习美术欣赏和评述方法,丰富视觉、触觉和审美经验,体验美术活动的乐趣,获得对美术学习的持久兴趣;了解基本美术语言的表达方式和方法。表达自己的情感和思想,美化环境和生活。在美术学习过程中,激发创造精神,发展美术实践能力,形成基本的美术素养,陶冶高尚的审美情操,完善人格。"新课标总目标分为"知识与技能""过程与方法""情感态度与价值观"三个维度。为实现这一目标,我们从学校实际出发,结合现有的教材,对教材中课程重新挖掘其中的创新教育因素,依托学校现有资源和美术教师的

专业特长,我校提出如下课程分目标:

(一)课程的开展使儿童能在自主合作学习中参与美术活动、体验创造的乐趣,培养形象思维能力和创新思维能力,改变思维方式,大胆想象,通过教师的热情引导,表达自己的想法和创意,鼓励发挥个性,激发创意,形成个性,促进儿童独立人格的全面发展。

(二)让儿童自己自由选择用何种材料进行创作,自由抒发情感,积累儿童的活动经验,提高儿童解决现实问题的能力。如模型制作、美化教室,运用所学知识美化生活和环境。

(三)儿童能了解美术对文化生活的独特作用,如万达海洋公园、步行街,都是有了美术设计师才我们的生活才更加的丰富多彩,多给儿童设计、欣赏、体验的机会,感受美术的作用和韵味,拉近课堂教学与儿童生活的距离,儿童在实践生活中慢慢丰富自己的生活经历,慢慢提升自己的情感能力,提高美术素养和完善独立人格。

二、 学科课程年段目标

根据上述总体目标,依据江西出版社小学美术教材及教参,我校制定以下年级目标见表4-1。

表4-1 "智创美术"课程年级目标表

年级	目　　标
一年级	尝试使用线描的方式进行想象和创作,用各种线如斜线、蜗牛线等创作有趣的画面。绘画中还可以采用各种形状、颜色等。教师讲解童话故事,儿童进行表演可以戴上有趣的头饰。妙趣添画提高儿童的感知能力和视觉思维能力,把有趣的形状通过巧手撕,拼拼贴贴成一幅有意义的艺术作品,培养儿童乐于思考、表达,乐于创想。
二年级	进行拓印活动如水中倒影,观察生活、寻找、挑选材料创作,如棉签画、海绵画,提高情感、思维能力,体验创新中的快乐,儿童造型能力得到提高,智力得到提升。联想实际生活中的物品进行拓印如:手形、树叶、莲藕,瓶盖等。通过折纸,利用身边的材料给笔找一个家,造型新颖,感受创作的乐趣。观察自然界花,通过"奇妙的花之旅"这门课程,儿童探究生活的能力得到提升,仔细观察花的颜色、质地,还能感受大自然的神奇与美丽。让儿童自己选择材料,体验运用何种材料、何种方法创作纸盘,在剪一剪、贴一贴中体验创作的快乐。观察奇妙的观察站之动物,感受动物的造型,颜色,身上的花纹等,提高情感、思维能力。

续　表

年级	目　　标
三年级	分析材料,然后选择生活中合适的材料组合创作,装饰自己的教室。民间美术是传统文化,关注它并且欣赏它,然后进行这方面的学习。培养爱国意识。运用生活中的废旧物品如纸杯巧手剪一剪,变成有趣的小人造型,用卷、剪、画相结合的方式完成,培养儿童的动手能力。用灵动的小手学习剪纸和做有趣的手工。用剪、刻等方法完成传统剪纸作品,培养儿童的创造性思维和动手能力。
四年级	能运用蜡笔、水彩笔画出多彩荷花,培养儿童对照生活中的实物进行写生,体验生活。寻找利用身边的废旧物品、材料变废为宝,创作作品。收集和选择废物材料,开发大脑进行创作,智力得到提升。积累和发现身边的物品如棉签、气泡膜、铅笔屑等材料巧思妙贴,形成新的视觉形象。设计旗袍、服装等不仅让儿童学会对称原理,还能在创作中体会色彩的和谐对比带来的感受。
五年级	掌握纸的折法和技巧,创作一个花篮和一组迷人的花卉。在传统节日的到来时,美术联系实际生活进行设计。如大观园贺卡的设计和精美的书签设计,通过折剪细致的画制作精美小巧的书签。挖掘创造潜能,抒发自己的情感;通过展览、赠送等形式相互交流,培养儿童感知美、接受美和创造美的能力。在创作的过程中体验创作的乐趣,鼓励发挥个性,激发创意,形成个性,促进独立人格的发展。国粹剪纸,通过剪、刻方法完成剪纸作品。创想有趣的头饰,联系实际生活,培养实践能力。
六年级	儿童能掌握运用不同的画具材料(油画棒、彩铅、水彩、水粉等),画出美丽多彩亮丽的风景,并激发儿童的创造性思维。学习传统纹样,在盘中进行纹样设计可运用一种单独纹样设计。评述赏析美术绘画作品,知晓认识有名的画家。装饰美化墙面,运用各种材料紧密联系生活进行创作。速写身边的场景和事物,用铅笔、钢笔都可以。紧密联系生活,解决生活中实际问题,利用材料进行创作美化环境、装饰墙面。了解传统节日,通过节日手抄报使美术课程紧密联系生活实际、反映社会生活。

第三节　为儿童开启美术创造的智慧密码

"智创美术"课程结构以《义务教育美术课程标准(2011年版)》为依据,关注小学美术学科核心素养,分为基础性课程和拓展性课程。基础性课程主要培养儿童美术的基本技能,引导儿童学会对经典美术作品及其生活中的各种视觉影像进行思考和解读。拓展性课程满足儿童的个性化学习需求,拓宽美术视野,丰富美术学习内容。

一、 学科课程结构

依据《义务教育美术课程标准(2011年版)》指出,课程内容分为造型·表现、设计·应用、欣赏·评述、综合·探索四个领域。我校"智创美术"课程群分为智创表现、智创设计、智创欣赏、智创探索四个板块,具体结构见图4-1。

图4-1 "智创美术"课程
结构图

(一) 智创表现

儿童自己寻找和选择生活中各种材料和工具,把有趣的形状通过巧手撕,拼拼贴贴成一幅有意义的艺术作品。提高儿童的感知能力和视觉思维能力,让儿童自己能大胆并且自由地表现生活,自由创作,画出心中的感觉,画出创想中的世界,大胆创作出独一无二的作品。在创作的过程中体验创作的乐趣、鼓励发挥个性特长,激发创意,形成个性,促进独立人格的发展。

(二) 智创设计

通过儿童对生活中生活用品的观察、描绘,在了解基本形状和用途的基础上尝试不同工具,寻找利用身边的废旧物品、材料变废为宝,创作紧密联系生活的作品。收集和选择废物材料,开发大脑进行创作,积累和发现身边的物品如棉签、铅笔屑等材料巧思妙贴,形成新的视觉形象。进行环保设计,进行简单组合和装饰,体验设计和制作活动的乐趣。

（三）智创欣赏

通过多媒体欣赏中外著名美术画家及其美术作品,通过观摩,儿童在一起讨论自己的体会和感受,儿童选择自己感兴趣的美术作品,说一说自己的感受和理解,欣赏并运用语言和文字等来表达自己的感受,借此提高儿童的审美趣味和审美能力。

（四）智创探索

发挥儿童的主体意识,让儿童自己当小主人,装扮设计布置自己的教室。美化教室,需要大家的共同分工合作,培养儿童的合作意识,制作模型也是小组合作的方式下进行创作和展示。通过儿童的观察想象,提升思维能力和智力。体验制作建筑模型,培养儿童的情感态度,儿童改变了学习态度,美术教育才能走向成功,只有有了积极的学习态度才有学习的动力。将美术与生活紧密地联系在一起,儿童会在实践生活中,情感能力得到慢慢提升。

二、 学科课程设置

学科课程设置有横向分类和纵向布局。横向分类有智创表现、智创设计、智创欣赏、智创探索四个板块,纵向分类有六个年级(12个学期)。结合教材和学生的学习特点,除了基础性课程之外,我校共开设一到六年级48门拓展性课程。具体课程设置见表4-2。

表4-2　"智创美术"各年级课程设置表

年级＼课程		智创表现	智创设计	智创欣赏	智创探索
一年级	上学期	七彩绘画	五彩智力线描	家乡美	童话表演
	下学期	妙趣添画	神奇拼贴	快乐的校园	奇妙观察站之奇特的昆虫
二年级	上学期	笔筒设计	拓印图像	卡通王国	探索生活花之旅
	下学期	装饰纸盘	巧撕巧撕	梦幻童话世界	水中倒影

年级\课程		智创表现	智创设计	智创欣赏	智创探索
三年级	上学期	七彩刮画	个性印章	民间美术	布置美术教室
	下学期	纸杯人物造型	民间剪纸	小眼看世界之欣赏建筑	校园模型
四年级	上学期	妙笔梦生之花荷花美	设计大观园之贺卡设计	欣赏雕塑	探索科技奥秘之科幻画
	下学期	趣味巧贴	服装设计之旗袍	传统习俗舞龙	装扮自己的教室
五年级	上学期	折纸之迷人的花卉	设计大观园之贺卡设计	欣赏雕塑	童心梦想剧场之有趣的头饰
	下学期	可爱精美的书签	国粹剪纸	欣赏山水画	我是小小建筑师之房间模型
六年级	上学期	多彩风景	吉祥纹样设计	绘画作品大观园之名家画	美化墙面之装饰挂饰
	下学期	绘生活	指尖上的折纸	识墨韵、国粹共赏	节日手抄报

第四节　美的互动，绘就儿童最真的世界

课程实施依据《义务教育美术课程标准（2011 年版）》指出，课程内容分为造型·表现、设计·应用、欣赏·评述、综合·探索四个领域开展社团形式实施。"智创美术"通过构建"智创课堂"、举办"智创美术绘画展"、打造"智创美术社"、实施"智创美术"课程、开展"节日小报手抄报评选"活动等多种路径推进课程实施。依据学情，由浅入深，分年级、分学期实施。

一、建构"智创美术课堂"，优化课堂教学

构建"智创美术"课堂，让美术课堂由传授一笔一画、课堂点评向重实际活动、重结合生活、重个性创造改变。而这些改变需要多方面的努力与实施。

（一）"智创美术课堂"的内涵

"智创美术课堂"是目标切实、内容拓展、过程灵动、教法多元、自我体现的课堂。

1. 目标切实。知识和技能目标，是对儿童学习结果的描述，也是基础能力的培养，即儿童通过学习所要达到的效果，称为结果性目标。其目标一般分为三个层次：理解、学会、能应用。了解基本美术语言的表达方式和方法，掌握基本绘画技巧，掌握简笔画，线描画画法，能智慧地运用和选择适合自己的材料进行拼贴，掌握基本的剪纸技法和折法。线描画应注重线条的干脆利落，彩色画应注重色彩的搭配丰富与完整。运用构图知识合理安排画面。知道物体在画面中的前后关系和疏密变化。掌握对比色和和谐色的知识。

2. 内容拓展。生活有多么广阔，美术就有多么丰富，因其学科特殊性，美术学科可结合生活实际进行拓展学习。"智创美术"把知识拓展、日常生活等各方面的资料引入课堂，丰富课堂内容，创新课堂形式。每节课的学习内容应体现美术知识与生活的融通、探究去感受美术素养，体现情感、态度、价值观的转化，体现心灵与生命的成长。

3. 过程灵动。美术不仅仅是去动动嘴、动动脑，它还要去创造。用笔，然后运用技法，来改变材料的形态，创造出一种新的形象。儿童应有形象思维能力，努力提高自己的综合思维水平。美术创造过程是一个愉悦的过程，美术学习也应该是个愉悦的过程。区别于其他课程，应该强调它的感性、愉悦性，让儿童真正地发挥个性，大胆想象，自由表达。在学习过程中，力求有丰富的情感，饱满的激情，用发现美的眼光，探究它的特性。

4. 教法多元。教师根据儿童在课堂上学习表现和学习效果变化来调整教学方法，充分调动他们的主动性、积极性。"智创课堂"学习内容或选取贴近儿童生活的话题进行讨论，或引导他们关心生存环境，关注生命、健康等。教学有法，教无定法。"智创课堂"以灵活多样的教学设计和教学智慧滋养儿童心灵，促进智慧成长。

5. 自我体现。让儿童学会自主学习、合作学习、探究学习。小学阶段孩子应学会和他人合作，共同完成学习任务，合作学习中儿童运用新的知识展现实践能力。合作学习中，注重过程而不是只看重结果，让儿童体验运用何种材料进行合理的方法创作，不只是创造一个自己心仪的美术作品，也创造了一个与作品相适应的新自我,这也是走向"自我实现"的过程。教育之道,道在心灵;教学之道,道在情智共生。用真情关注儿童,用智慧激活儿童,让美术课堂焕发生命的活力,让课堂呈现"智创美术课堂"的人文气息。

(二)"智创美术课堂"的实施

1. 开展集体备课,推进校本教研。学科组长带领学科教师定期进行集体备课活动,召集骨干教师,集合众长,推进学校校本教研。在课堂教学中,要充分利用各种资源,始终以"智创课堂"为核心,开展不同形式、不同主题、不同目的的拓展美术课,在不断的实践和反思中提高课堂质量。

2. 创新课堂形式,领悟生活趣味。美术学习不仅满足人们审美、情感、心理等价值观的需要,而且有自己独特的理解和感知。在不断的教学实践中,教师始终以"智创课堂"为核心,创新"围着教室玩""彩泥课堂""探究课堂""小组合作课堂""国粹剪纸课堂"等多种教学形式,充分发挥"智创课堂"中儿童的主体性和创造性,通过特殊的学习方法,结合书画展等形式,创设节日小报、美术作品展、书法作品展等活动,增强儿童的美术实践机会。这些新的课堂形式,充分结合学校、学习和社区资源,有效地促进了"智创美术"的发展,全面提高儿童的美术素养,使他们在新奇有趣的课堂活动中更深刻地认识到美术与生活的联系。

3. 注重潜移默化,引领价值观导向。美术课涉及审美和人文知识,使孩子树立良好的道德情操,最终形成积极正确的人生态度和价值观,这是美术课最重要的内容。根据美术学科的特点,"智创美术"注重熏陶、感染和潜移默化的影响,将与课堂有关的道德内容渗透到日常教学过程中,并与现实相结合。孩子们可以通过美术作品来表达他们的情感。教师应鼓励孩子自由表达情感,表达个性和创造力,增强自信,培养健康的人格。

一言以蔽之,"智创美术课堂"是多彩、实用、生动、有趣的。它是植根于未来、有利于儿童发展的艺术课堂。

(三)"智创美术课堂"的评价要求

根据"智创美术课堂"的内涵特点,学校从教学目标、教学内容、教学过程、教学方法及人文情怀方面,制定"智创美术"课堂评价标准,促进教师专业发展,引领课堂发展方向。具体评价要求见表4-3。

表4-3 "智创美术课堂"教学评价量表

学校	班级	授课教师	课题		授课时间
评价项目		评 价 要 点		分值	合计
教师教学行为	教学目标	1. 教学目标明确、具体,针对性强,体现学科理念,同时符合儿童的实际情况,贯穿于整个教学过程。 2. 对于儿童来说,注重个性与情感,能力与知识与技能、过程与方法的融合。		8	
	教学设计	1. 具有一定精良的学科知识和技能。通过精心设计,创造适当的情境,向孩子们介绍有趣而有效的教学方法。让孩子轻松而灵活地学习。 2. 根据目标并通过多种渠道有效利用课程资源和儿童生活资源来设计课程。		10	
	教学内容	1. 活泼、有趣、优美,有利于儿童审美文化的学习。 2. 有利于培养孩子的气质、高尚的情操、创造力和动手能力。 3. 创造性地使用教材,适当的教学能力和适当的深度。		8	
	教学方法	1. 结构科学合理,合理安排教学环节,调动孩子积极学习,为孩子提供选择的机会,促进孩子的多元发展。 2. 教学方法具有一定的创新性和启发性,能引导孩子及时、灵活、有效地进行教学。 3. 能正确使用教具和现代教学方法,使教学有自身的特点。		10	
	教学效果	1. 全面落实教学目标,体现审美主流和创新能力的培养。 2. 在教学内容、教学策略、教学模式、教学媒体、教学方法等方面进行有效的发展和创新。		6	
	教学评价	1. 注重评价的多样性,提高学习能力、学习态度和情感价值观。 2. 评价要以孩子为本,区别对待,以发展性评价为主,互动性评价为辅。		8	
	基本素质	1. 具有先进的现代教育教学理念,并能体现在课堂教学的各个环节。 2. 教学风格自然大方,示范手法娴熟、准确,启发性强;语言简洁、生动,适应性强。 3. 黑板书写工整、规范、美观;范本等教具准备充分、效果显著、感染力强。		5	

续　表

评价项目		评 价 要 点	分值	合计
学生学习表现	学习态度	积极参与体验活动的完整过程,目标明确,积极主动,合作精神强,意识全面,体现主体,气氛热烈。	10	
	情感意志	体验童趣、陶冶情感、轻松愉悦、有进取心、同心共济、耐心细致、大胆果断,有良好的学习习惯。	5	
	目标达成	1. 培养审美能力和实践能力,培养具有美术探索和创新兴趣的文化。 2. 能够运用不同的视觉观察和感知审美目标,充分体味、丰富想象、积极思量,并获得相立的知识和技能。 3. 能够大胆尝试运用所学的美术知识和技巧进行表演与创作,展示个性。	15	
	师生关系	师生关系和睦,儿童合作,民主和谐,平等互动,相互尊重。	5	
	思维状态	1. 开放的思维空间,能提出问题,表达不同见解。 2. 提出的问题是个人的、有一定的价值和创造性。 3. 能够独立思索,合作探究问题。	10	
综合评价			总分	

备注:优秀 85 分以上、良好 84—75 分、合格 74—60 分、加油 59 分以下。

二、 成立"智创美术社团",多元化开展活动

社团活动的开展,作为学校课堂教育的延伸,发挥着重要的作用。它不仅能充分发挥孩子的个性,锻炼他们的管理能力,而且有助于塑造孩子完美的人格,也是学校精神建设的有力助手。基于此,我校美术学科以创办社团为途径,满足儿童个性发展的需要,彰显个性,彰显风采,培养情操高尚的儿童。

(一)"智创美术社团"的构建

提升"智创美术社"的质量是我们一直追求的方向,在学科组成员的共同商议之下,我们改变过去以兴趣为导向的社会形态,发展成为以专业为导向的社会,逐步培养孩子的高尚情操。特创办贤艺林书法社、节日小报社、国粹剪纸社、巧手制作社,童画创意社等美术社团,涵盖七彩刮画、快乐手印画、趣味剪贴画、国粹剪纸、

儿童书法、环保手工社等领域；美术社团的数量、人数、类别呈现出"多"花齐放，生机勃勃的繁荣景象，组织形式和活动方式也各有特色。

1. "贤艺林书法社"要求孩子养成良好的书写习惯，具备一定的书写技能，而且注重培养孩子的审美能力，加强对中国汉语言文字的热爱和文化的领会，继承和弘扬中华民族优良传统，提高孩子的人文素质。发挥书法实效性和艺术性两者功能，加强美育中的书写技巧训练，要求孩子养成良好的书写习惯，掌握基本的书写技能。

2. "节日小报社"以了解我国传统节日的发展及其文化意蕴为载体，弘扬中国传统文化，感受其博大情怀。将社团活动打造成孩子热爱学习、获取知识、发展能力和提升教育质量的新增长点。

3. "国粹剪纸社"以"共同成长　共享快乐"的办学理念加强师生在剪纸工艺造型素质方面的提高，加强剪纸的基本功训练，使特色剪纸课程顺利展开，进一步提高教师儿童的艺术素质和能力。

4. "巧手制作社"通过活动使儿童的创新能力、思维能力、动手能力等得到有机的结合、有效的发展，培养儿童心灵手巧、善于发现、勇于创新、敢于创造的意识观念。

5. "童画创意社"通过培养儿童对美术的兴趣爱好，帮助儿童增长知识、提高技能、丰富儿童的课余文化生活，为培养美术人才起到积极的推动作用。为了给爱好美术的儿童创造一个良好的学习环境，通过美术社团的活动，让儿童的美术特长得到发展，了解美术的基本知识，进一步提高儿童美术的欣赏水平及创造能力。

我们的"智创美术社"一直遵循学校对社团发展的要求，形成以"灵动、勤勉、创新、智慧"为社训，集刊物发行、文学交流、文艺演出、社会实践于一体的综合性的儿童社团，以打造有情怀的社团。

（二）"智创美术社团"的评价

为保证社团出成绩、上水平、真正成为学校每一个人共同的社团。我校美术组出台了相应的社团章程、儿童社团管理制度等，努力使社团工作有章可循，逐步摸索出贴近孩子实际需求，符合儿童社团发展规律的方法。制定了相应的活动评价标准，主要从出勤情况、活动过程、活动效果、特色创新等维度进行评价。具体评价标准见表4-4。

表4-4　"智创美术社"活动评价量表

评价项目	分值	评 价 标 准	评分
出勤情况	20分	实行签到制度,按时参加社团活动,不迟到,不早退。	
活动过程	20分	目标明确,主题活跃健康,内容丰富,形式生动,组织有序,过程有序,学员满意度高。	
	20分	学员踊跃参与,气氛热烈。大家可以在互动中充分发挥自己的优势,共同努力,提高自己。	
活动效果	20分	能达成预期目标,形成自己的学习成果,积极参与社团成果展示交流。	
特色创新	20分	成果作品有特色、有创新、有亮点。	
总体评价			

三、 举办"智创美术节",提升美术素养

儿童在学习中起着主导作用,因此在教学中提高儿童的学习兴趣是非常重要的。基于此,我们开展多种美术活动,让儿童参与其中,在玩中学、学游戏、乐思考,学习的兴趣自然增加,艺术情怀也得到一定的培养。

(一)"智创美术节"的实施途径

我们以"美育"文化为载体,结合儿童的实际情况以及美术课程特点,通过多样的美术节活动,展示儿童美术特长,搭建儿童沟通平台,例如"节日小报比赛""童心童画展""巧手妙贴展""玩乐彩泥赛""贤艺林书法展"等活动。多种多样的活动不仅巩固了儿童的知识,而且拓展了儿童的思维,并能把理论知识转化成实践能力,促进儿童的全面发展。具体课程的设立与实施见表4-5。

表4-5　"智创美术节"课程实施表

课程名称	课程内容	组 织 实 施
节日小报比赛	以我国传统节日为主要内容。	每逢佳节,都会有以孩子申请为主、教师推荐为辅的手工制作报纸活动。比赛将在同一时间、同一地点举行,并选出优秀作品供学校展示。

续 表

课程名称	课程内容	组 织 实 施
童心童画展	以孩子向真、向善、向美，丰富学生校园文化生活为主题开展绘画比赛。	纸张由学校统一筹备，每班选出优秀作品在学校展示。
巧手妙贴展	一张彩纸，一把剪刀，一双熟练的手，外加一点创造力。	教师挖掘教材和网络资源，统一时间，组织孩子积极参与，挑选优秀的纸质艺术作品进行校园展示。
玩乐彩泥赛	通过压、滚、搓、捏、拼，创作自己喜欢的造型。	统一时间，自备彩泥在美术教室举办比赛，由全体美术教师对优秀作品进行打分和评选。
贤艺林书法展	发扬中华艺术之光，传承书法风采，共创美丽校园。	由学校统一筹备纸张，师生一同参加，评选出优秀作品进行校内展示。

（二）"智创美术节"的评价要求

一个好的课程实施，必须有一套系统的评价方案与之配合，才能使其发挥最佳的作用。"智创美术节"的评价维度分为五类：活动开展、内容丰富、学生表现、活动效果和人文情怀。具体评价标准见表4-6。

表4-6 "智创美术节"评价量表

评价项目	评 价 内 容	得分
活动开展(15分)	1. 活动内容生动、有趣、实用，能激发孩子们的参与热情。 2. 活动贴近生活，富有创意。 3. 活动针对性强，能有效提高儿童的艺术素养。	
内容丰富(20分)	1. 内容符合课程标准的要求。 2. 在孩子们积极参与活动的同时，也扩展和丰富了自己的知识。	
学生表现(15分)	1. 在活动中，儿童充分发挥自己的主观能动性。 2. 能够根据活动的要求，儿童在获得知识的同时，也得到情感上的丰富。	

续　表

评价项目	评价内容	得分
活动效果(20分)	1. 在活动中,儿童充分发挥主观能动性。 2. 根据活动的要求,儿童可以在获得知识的同时丰富情感。	
美育(30分)	1. 通过活动的开展,体验美术的实用性,增强美术在生活中的实际操作性。 2. 通过开展活动,帮助孩子树立正确的人生观、世界观和价值观,从而更好地弘扬我们的传统文化。	
综合评价		

四、 开展"智创实践",践行知行合一

美术是一门很实用的课程。当前,学校教育越来越重视儿童的主体地位和艺术实践能力的培养。《义务教育美术课程标准(2011年版)》指出,美术课程具有视觉形象的感知、理解和创造的特点。美术是九年义务教育阶段学生的必修基础课,是学校实施美育的主要途径,它对素质教育的实施有不可替代的作用。感知是思维的必要前提。形象思维是一种重要的思维方式。在学校体系中,大多数课程都是以抽象符号为本原的,而美术课程则使孩子更全面地接触身边事物和特殊的环境,有利于孩子感知能力的发展,从而为思维提供丰富的养分。美术课程可以逐步培养儿童的形象思维能力,提高儿童的综合思维水平。

儿童在综合性学习实践活动中可以践履所学,做到"知行合一",从而提高美术技能和美育的覆盖。为了让孩子们充分发挥主观能动性,在自己感兴趣的活动中创作出具有个人特色的课程,我校开展了不同主题的"智创美术实践"活动,具体内容如下:

(一)节日小报评比

了解传统节日,弘扬中华民族传统文化,激发孩子对我国优秀传统文化的热爱,增强儿童的综合学习能力,还对传统节日增加了了解和认同。让师生们深深地

感受到这些节日背后蕴藏着的无比深刻的历史文化内涵,增强作为一个中国人的强烈的民族自豪感,进一步激发广大师生了解、学习中华民族优秀传统文化的热情。

1. 活动实施。统一题目,孩子以班级为单位,课后形成5个6人小组,并配合学习内容,适当进行任务分工。以小组为单位创作和设计手抄报。

2. 评价方式。活动坚持评价维度的多样性,从对节日的认知和理解出发,开展活动评价,首先从班级自我评价中选出班级优秀作品,然后通过学校专职美术教师担任评委,班主任担任督导。选择最佳作品在校园展示,具体评价见表4-7。

表4-7　"节日小报"活动评价量表

评价内容	评价标准	自评	师评	综合评价
主题内容(30分)	围绕主题,设计新颖			
排版设计(25分)	书写工整,标题清晰			
构图效果(25分)	绘画紧扣主题,笔触流畅			
色彩配搭(20分)	颜色丰富,搭配合理			

（二）巧手妙贴展

激发所有孩子对手工制作的兴趣,进一步提高孩子的动手能力和创造能力,增强孩子的环保意识和可持续发展意识;懂得亲手美化生活和校园,为学校的环境建设作出贡献。

1. 活动实施。以生活为创作元素,展现健康向上的内涵,富有时代气息和地方特色。统一时间,创建主题,在指定时间内完成现场制作。

2. 评价方式。作品评比,每班选派3位家庭委员会成员担任评委,采用换班的方式进行评比,由专业美术教师进行二次评比,取二者的平均分。活动将家长评价和教师评价结合起来,让家长了解孩子在学校的学习情况,同时调查孩子的生活观察力和创造力。具体评价标准见表4-8。

表4-8　"巧手妙贴"手工作品评价量表

评价内容	评价标准	家长评	教师评	综合评价
造型表现(30分)	主题鲜明,形式多样			
设计应用(30分)	大胆创新运用技法			
综合探索(20分)	各类制作材料运用			
欣赏评价(20分)	作品完整性及美感			

（三）童心童画展

　　"智创美术"注重培养儿童对美术学习的兴趣和开拓儿童的思维,让儿童善于从生活中发现美术,感受美术的趣味性。基于此,我们开展了"童心童画展"综合实践活动。

　　1. 活动实施。让学生在快乐创作中提高思维,在生活中寻找审美灵感和艺术感。通过绘画创作和作品欣赏,提高儿童的美术鉴赏能力。

　　2. 评价方式。比赛中,每班选派两名家庭委员会委员担任评委,采取换班评比的方式。然后,专业美术教师进行二次评价,取二者的平均分。让家长了解孩子在学校的学习情况,同时调查孩子的绘画能力和创作能力。具体评价标准见表4-9。

表4-9　"童心童画展"活动评价量表

评价内容	评价标准	家长评	教师评	综合评价
主题呈现(30分)	主题突出,创意新颖			
构图造型(30分)	构图整体,线条流畅			
色彩运用(25分)	颜色搭配,色彩均匀			
欣赏评价(15分)	画面生动,风格美观			

（四）贤艺林书法展

　　为展示师生的书法风格,传承传统文化,营造校园文化建设氛围,为学校书法爱好者提供学习交流平台,展示学校优秀书法作品,丰富校园生活。如元旦校园书法展等。

　　1. 活动实施。主题积极向上,纸张统一,由各年级组选出6件优秀作品交美术教师办公室。

　　2. 评价方式。专职美术教师对作品进行评分,选出优秀作品在校园内展示。让孩子从感兴趣的方面入手实践,从而体会到书法的博大精深。具体评价标准见表4-10。

表4-10 "贤艺林书法展"活动评价量表

评价内容	评价标准	组评	师评	综合评价
书写(30分)	格式标准、笔画清晰、无错别字。			
结构(25分)	重心平稳、笔画流畅、分布均匀。			
字形(20分)	字体大小统一,整体感官舒适。			
效果(25分)	行列整齐、布局到位、美观大方。			

第五节　净心启智,创设美术课程新境地

一、建立课程团队

　　开发"智创美术"这项课程,需要建立一支高效的团队。团队成员各司其职,相互信任,合作探索,共同成长。推动美术学科发展,创新机制,提高师生素质和综合能力。

二、课程管理目标

(一)育人为本,关注差异

　　小学美术学科的课程设置除严格执行国家课程实施方案,开齐、开足、开好课程外,还应积极开发利用地方特色美术人文资源,打造具有独特地域文化特色的地方课程。有效满足儿童多重认知需求,最大限度地发挥每一个孩子的潜能,提高每

个孩子的素质,促进每个孩子的可持续发展。

（二）整合资源，提高效益

课堂是教师的主体地位。在课堂上,深入教学一线,组织开展课堂、教学案例、教学设计等现场评估活动,指导美术教师巩固基本的教学技能,共同学习教学方法和学习方法。从每个孩子身心发展的规律性和可能性出发,整合课程资源,拓展教学内容,改进教学模式,优化教学过程,提高教学效率。

（三）生动活泼，自主发展

树立素质教育的质量观,探究素质教育的评价机制。凸显发展性评价,促进和鼓励孩子发展进步,把评价作为孩子全面发展的能源。尊重儿童在美术学习潜能上的差异,帮助他们发掘和提升能力,从积极的方向充分认可和客观评价他们的多元智能。要把儿童真正作为认识和发展的本体,激发其本体意识,充分发挥他们的主动精神,促进他们乐观、主动、绚烂的发展。

三、 课程建构与研究

在完善学科课程的基础上,加强课程的活动,重视潜在课程,开发具有区域特色的课程资源,构建我校"智创美术"的课程特色。在课堂教学中,要全面贯彻《义务教育美术课程标准(2011年版)》的理念,充分发挥学生的主体作用,形成师生互动、生生互动、师生共同发展的课堂,让课堂焕发出勃勃生机。优化教学过程,提高教学效率。

四、 课程评价机制

（一）课堂教学评价

课堂美术教学是美术学科中实施素质教育的重要渠道。实施课堂教学评价应严格按照《义务教育美术课程标准(2011年版)》的各项要求进行。采用观察、录音、对话、录像、摄影等方式,收集儿童在课堂上的学习信息,并对其在参与美术学习过程中的综合表现进行评价。最后,通过评价促进儿童的发展,提高儿童的艺术素养和人文素质。

(二) 教师评价

建立促进美术教师持续成长的评价体系,强调美术教师对自身教学行为的分析和反思。组织各级优质课比赛、论文竞赛、教师基本功比赛等为教师搭建展示交流的平台。通过多渠道评价,为教师分析、改进和提升教学质量提供实时的控制信息。同时,促进教师的业务学习,改革教学方法,更好地顺应素质教育发展的要求。

因此,"智创美术"课堂管理必须从传统的管理中走出来,它强调对儿童自我的内在管理,使教师的课堂要求内化为儿童的自觉行为,从而达到最佳的课堂管理效果。

以孩子为中心,以孩子自我管理为目标,努力提高孩子的积极性和主动性,实现内部控制,这便是小学美术课堂管理的最高水平,也是人性化管理的体现。美术老师要了解孩子们的绘画水平,帮助儿童树立合理的绘画目标,达到相应水平的绘画技能和审美能力。目标确定后,增强儿童自我管理意识,提高管理能力。在小学美术课上,教师可以加强对儿童集体自制能力的培养和管理,让儿童感受到教师对他们的期望,他们会自觉提高自我效能感,最终促进课堂教学的顺利进行。

总之,"智创美术"让我们的教育"富美于教""寓美于乐",使儿童在乐于分享,勤于学习,善于思考,敢于创新的学习过程中提升美术学科素养,让儿童在智慧中充实,在创新中成长,为培养具有人文精神、创新能力、审美品位和美术素养的当代公民奠定基础。

第五章

素养涵泳
中观课程的效果评估

"课程评价之父"泰勒说："评价过程实质上是一个确定课程与教学计划实际达到教育目标的程度的过程。"中观课程评估作为一种有价值的活动，要以是否能够促进儿童生长为标准，根据不同学段、不同科目、不同学生的发展水平匹配适度的学生能力发展目标，使发展的广度与深度达到平衡。 我们通过构建科学、合理的课程评价体系，运用发展性的评价方式，改进课程设置，最终达到促进课程发展的目标。 为达到最优化的课程效果，我们的中观课程设计也应该符合儿童的认知特点，以促进儿童综合素养的全面提升，点燃儿童的学习热情，满足儿童的学习需求，力求让每一个孩子都闪光。 课程评估是学校课程质量提升的有效保障，是记录行走足迹的过程，是了解课程效果，了解师生对课程满意度的重要手段，它是一把度量的尺子，它孕育着未来，也正通向未来。

➡ Pure English
体验地道英语学习

　　英语作为当代双语教育的一门学科。属于语言教育,它既是一门涉及广泛、包罗万象的知识学科,又是一门实践与技艺紧密结合的语言学科。学习英语可以帮助儿童学习语言的同时扩大知识面,把握时代脉搏,努力提升自身的文化素养。它具有以下几个特点:记忆性、新异性、应用性、人文性。随着当代儿童的个性化,兴趣综合化,英语教育模式也在发生着变革。

　　南昌市南京路小学英语学科教研组由 6 位在岗在编的中青年英语专职教师组成,其中中小学一级教师 1 人,中小学二级教师 5 人;区骨干教师 3 人,区优秀青年园丁 1 人。教师多次辅导儿童参加全国、省市区级小学英语竞赛并获奖,组内教师多次获得市、区英语课堂教学竞赛、英语教师素养大赛一、二等奖,撰写的教育论文多次获得省、市、区一等奖,英语教研组被评为东湖区优秀备课组。2018 年,全体英语教师依据《义务教育英语学科课程标准(2011 年版)》,根据自身优势,结合儿童学情,提出"体验和快乐分享"的学科理念,构建纯享英语课程体系,让儿童体验纯粹的英语学习,学会快乐分享英语学习。

第一节　让英语走进儿童的生活

　　《义务教育英语课程标准(2011 年版)》指出:义务教育阶段英语课程的主要目的是为儿童发展综合语言运用能力打基础,为他们继续学习英语和未来发展创造有利条件。语言既是交流的工具,也是思维的工具。学习一门外语能够促进人的心智发展,有助于儿童认识世界的多样性,在体验中外文化的异同中形成跨文化意识,增进国际理解,弘扬爱国主义精神,形成社会责任感和创新意识,提高人文素养。

一、 学科课程观

　　英语课程在义务教育阶段同样具有工具性和人文性双重性质。小学生儿童通过英语课程掌握基本英语语言知识,发展基本英语技能。开设英语课程是为了培养儿童基本英语素养和发展儿童思维能力,能具备初步用英语与他人交流的能力,为促进日后语言思维能力的发展和继续英语学习奠定基础。从人文的角度,英语课程是为了提高儿童综合人文素养,通过英语课程打开儿童国际视野,也是为丰富儿童日后生活经历,形成跨文化交际意识,增强爱国主义精神,提升民族自信力。形成良好的品格和正确的人生观与价值观。英语的工具性表现为仅仅让儿童学习英语语言的符号系统是不够的,同时利用英语学习其他相关文化科学知识。让儿童在听、说、读、写、译等方面的语言实践活动去积累和应用英语,能以语言为纽带丰富情感,发展英语语言能力,培养良好心理品质和道德品质。英语课程做到工具与人文性的统一为儿童终身发展奠定基础。因此结合教学和各类英语教材实际,开发并实施了"Pure English"课程。

二、 学科课程理念

　　我们以"体验地道英语学习"为课程理念,以打造纯粹乐享的英语课堂为平台,依托"纯享英语",促进儿童感受学习纯真语言文化和语言知识,落实英语语言学习环境。崇尚全体儿童在日常学习中主动投入,享受英语课堂带来的丰富体验。

　　纯享英语,即 Pure English,其中每个字母代表如下含义:

　　纯享英语即地道的英语,P-Perfect：给孩子们最地道和最真实的语言素材,建立最直接的英语体验。

　　纯享英语即效用英语,U-Utility：孩子们在学以致用的英语环境下,体验英语的工具效能性。

　　纯享英语即记得住的英语,R-Remindful：让孩子们在兴趣化的英语课堂之后对所学知识能让产生兴趣,同时形成记忆。

　　纯享英语即有效的英语,E-Effective：孩子们在学习结束后思维得到提升,扩大自身的视野。

　　总之,"纯享英语"是纯粹的英语,儿童在英语课堂中学会思考,学会合作,彰显自身能力的同时提高语言素养和国际视野。"纯享英语"是高效的英语,把握英语语言的特殊性,充分发挥第二语言的特色,让儿童在玩中学、学中用、用中表达,体验英语语言的同时,感受语言背后的文化和跨学科融合后的别样课程魅力。课堂上主动投入相比被动听讲,更能激发儿童灵感的火花,有利于达成真正的学习理解,同时学会快乐分享。通过体验地道纯粹的英语学习,从小建立纯真英语语音听感,同时培养儿童形成英语思维所必须的英语语感。

　　英语学习的目的是为了让儿童在中国与国外文化的双向沟通与交流,培养多元文化素养、尊重不同文化的意识与态度。让中国文化走向世界,也让世界了解中国。培养具有家国情怀和国际视野的好公民。

第二节　让儿童夯实英语学习的基础

　　基于核心素养对儿童不同维度的要求,我校英语组以儿童语言发展为本,以提高英语语言运用能力和思维能力为思想,创设"纯享"英语课程群,体现英语学习的工具性和人文性,有利于儿童发展思维能力,同时让儿童的语言运用能力得到发展。我们将纯享英语课程总体分为以下四个目标:语言能力目标、文化品格目标、思维品质目标、学习能力目标。目的在于夯实语言基础训练语言思维。

一、 学科课程总体目标

　　《义务教育英语课程标准(2011年版)》指出,义务教育阶段英语课程的总目标是:通过英语学习使儿童形成初步的综合语言运用能力,促进心智发展,提高综合人文素养。

(一)奠定语言能力

　　语言能力中语言知识与技能、语言理解和语言表达是英语学科核心素养的基础,其中包括听、说、读、写、译等能力。当今英语学习已不再满足于孩子学了几个单词和几个句子。我们除了教给孩子语言知识,还要教给孩子学习的能力,将课程中的思维方式和任务实施让孩子自然习得。在形成听与读和说与写的内化过程中能够听懂简单的教师课堂英语用于并适应全英课堂的模式，牢固掌握教材中四会词汇和句型。通过活动来激发语言潜能，在多元英语课堂中达成以下能力目标：

1. 正确认读 26 个英文字母，学习简单的拼读规则。

2. 学习单词重音、句子重读，了解英语语音发音：连读、语调、节奏、停顿等技巧。

3. 对单词的音、义、形的掌握，初步运用 400 个左右单词表达二级规定的相应话题。并能运用简单的英语交际用语进行问候、介绍等情景的对话，能标准地进行单词和句型的表达，能够进行简单的英语语句的交流。

4. 能形成简单的阅读能力和英语语感，能对绘本进行情感态度和价值取向的认同。

5. 养成英语知识层面的理解能力，拓宽英语知识面，在跨学科融合课堂中运用英语的能力。儿童在语法功能话题方面达到理解和运用英语语言表达的形式和用法。

6. 激励儿童用英语表达的自信心，体会英语语言的表意功能，建立文化交融的人际往来。

（二）打造思维品质

个体在思维活动中智力特征上的差异是衡量一个人思维发展水平的重要指标。英语有其特有的思维模式，在语法结构、语义表达、语篇理解等方面不同于汉语言思维模式。儿童在英语学习过程中，存在着英汉两种语言思维模式之间的异同、联系、转换，产生了跨地域、跨文化的思维想象空间，是形成良好的文化意识和思维品质的基础。其次英语思维是对词汇量的积累以及对其所用语境的熟悉和快速反应，随时用正确的语法进行语言的输出，对发音标准的刻意苛求之后，适应并习惯英语国家文化背景及各种风俗习惯等，形成无意识的正确发音。通过"纯享英语"课程的实施，找到思维的落脚点，关注语言的同时上升到思维层面。基于"大概念"（big idea）的高层次思维，使儿童联结之前知识，进行语言操练，把从故事到故事,上升到故事到世界,最后上升到故事到自我的层面。不简单局限课本知识,拓展课外英语能很好地帮助儿童提升思维品质,锻炼儿童逻辑思维,提升想象力和创造力等高阶思维。

（三）树立文化品格

任何语言都有丰富的文化内涵,英语语言教育的背后更重要的是跨文化交际意识的培养。在英语教学中,文化教育有着重要的作用。让儿童了解英语国家典型的食品和饮料名称,了解主要英语国家的首都、国旗、重要标志物,以及世界主要文娱和体育活动等。学习英语国家的文化有利于对英语语言知识的理解和使用,在加深对本国文化的理解与认识的基础上培养世界意识,感受外国多种重要节日,也树立面向世界的国际视野。

（四）提升学习能力

儿童通过观察、体验、探究合作等积极主动的学习方式,激活自身学习潜能。学会运用多种现代化信息媒体和资源,拓宽学习渠道。在英语学科核心素养的内涵中,学习能力是所有能力的基础,养成独自检索和查阅信息的能力,培养自主学习能力。充分发挥儿童主动性,面向全体儿童,调动学习能力的同时,选择合适的评价策略积极和他人合作。阅读难度适宜的英语故事和读物,设计简单的英语学习计划,并对所学进行及时巩固和复习。让儿童注意力更加集中,课堂上注意倾听和交流,积极思考。能积极运用所学英语进行表达和交流,注意观察生活中英语的使用。

二、 学科课程年段目标

为帮助儿童掌握 26 个英语字母的发音特点,形成将字形与其发音正确对应的能力,我们针对每个字母为儿童设计了一本认知英文图画书。26 个小故事涉及时间、颜色、食物等多个孩子熟悉的生活主题。结合英语学科核心素养的目标,我校3—6 年级英语课程目标见表 5-1。

表 5-1　"Pure English"各年段课程目标表

目标 / 年级	语言能力	思维品质	文化品格	学习能力
三年级	1. 能听懂简单教师课堂指令。 2. 在教师的指导下进行游戏。 3. 能够在《有趣的字母》学习中正确书写26个字母并尝试记忆发音。 4. 学唱简单英文儿歌。	1. 了解字母中不同的字体(手写体、印刷体)。 2. 了解元音字母在单词中的发音规律。 3. 了解简单人称代词的表达方式。	1. 了解世界国家国旗的图形和国歌。 2. 知道西方国家重要的标志物以及对应标志的含义。	1. 对所学内容开始尝试进行复习和归纳。 2. 课堂交流中学会注意倾听和思考，保持注意力集中。
四年级	1. 能对教师课堂的英语指令做出相应反应。 2. 主动进行英语口语交际。 3. 对所学单词能掌握读音、书写及中文意思。进行记忆并能熟练拼读。	1. 了解字母组合在单词中的发音规律。 2. 根据单词的音、义、形来学单词。	1. 认识世界其他国家的一些节日和特色活动。 2. 了解西方国家典型的食品。	1. 对所学内容开始主动进行复习和归纳。 2. 课堂交流中学会注意倾听和思考。
五年级	1. 能简单地写出英语的特殊疑问句和一般疑问句并能根据图片用所学单词的400—500单词及固定用语写出简短的语句。 2. 能够尝试唱出简短的英语歌曲。 3. 尝试与教师教学课堂简单的全英对话。	1. 了解英语语音中包括连读、停顿、语调等现象。 2. 掌握五年级话题。不用中国式英语表达。 3. 现在进行时和一般将来时的理解和运用。	1. 感受中西方重大节日的差异与文化习俗。 2. 体会英语语言与汉语的差异，并感受英语歌曲的语言魅力。 3. 体验科创英语的别样趣味。	1. 课堂中注意倾听，学会积极思考。 2. 尝试阅读英语初级课外读物和相关的小故事。 3. 运用所学英语进行积极交流和表达。 4. 学会合作探究式学习。

续　表

目标\年级	语言能力	思维品质	文化品格	学习能力
六年级	1. 进一步扩大英语词汇量和英语语言表达能力。扩增至600—700个单词，尤其复杂多音节单词的发音和记忆。 2. 进行相对复杂的英语交流和复杂句型的理解。对一些日常对话的情景交际准确理解和回答。 3. 提升英语歌曲鉴赏力和歌唱水平。 4. 能读懂和表演小英语故事和短剧。	1. 继续感受、理解并掌握英语语音技巧：连读、节奏、停顿、语调等。 2. 对现在进行时和一般将来时的结构能正确运用。体会英语与汉语发音上的不同。	1. 知道英语国家的国名和首都以及标志性的城市。 2. 在学习中探索和感受中外文化的异同。	1. 持续保持对英语学习的兴趣。 2. 课堂上积极思考主动发言，交流表达意思。 3. 能在生活中使用英语。 4. 借助网络等多媒体设备学习英语。并对英语语言乐于尝试模仿。

第三节　让儿童感知英语的多元样式

"Pure English"英语课程在面向全体儿童的同时，以丰富的课程内容和课堂形式激发儿童的英语潜能和学习兴趣，培养英语语言思维和英语文化底蕴。通过英语学习和实践活动，逐步掌握英语知识和技能，提高语言实践运用能力。

一、学科课程结构

根据《义务教育英语课程标准（2011年版）》对语言技能、语言知识、学习策略、文化意识四个方面提出的总目标。针对核心素养下语言能力、思维品质、文化品格和学习能力四个维度，我校英语课程通过创设快乐、轻松、和谐的学习气氛，利用听、说、读、写、玩、演等手段对儿童进行潜移默化语言浸润式教学，达到多元感知，激发兴趣。经过合理科学的设计，在简单英语句式中不断复现含有同一字母的单词,增强孩子的视觉感受,加深对字母的字形及发音记忆,以至实现快速拼读,提高单词识别的速度和准确性。从律动英语、智绘英语、科创英语和英语社团四大板块构建"Pure English"课程体系,见图 5－1。

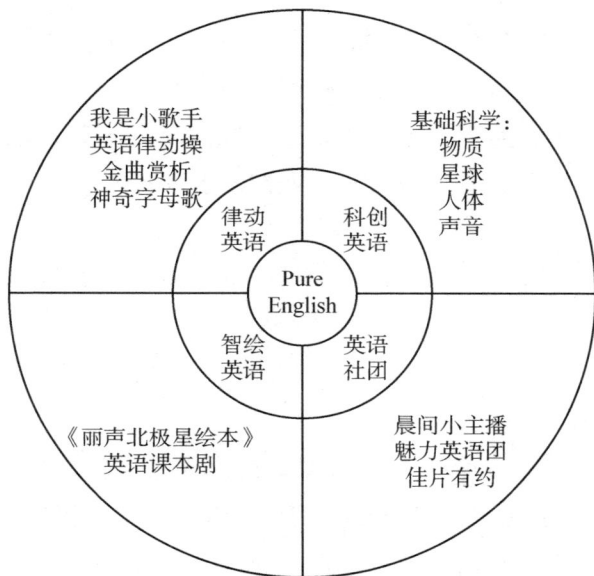

图 5-1　"Pure English"课程结构图

具体解释如下:

（一）律动英语

小学英语教学离不开充满韵律和节奏的儿歌,通过各式各样的英语歌曲和儿歌让儿童通过歌唱和身体律动去感知语言和语言内在的韵律。从三年级起点开设此类课程,让儿童在听唱跳中获得语言的兴趣和愉悦感。通过体验简单生动形象的字母小故事来学习看似无趣的字母知识。儿童可以反复阅读,帮助儿童建立字母形音之间的联系。

三至六年级依次开设神奇动物歌、百变字母歌、变戏法、经典怀旧、金曲赏析、我是小歌手等让儿童体验国外纯正的各类音乐。

（二）科创英语

在实现培养创新型实践人才的课程中,引入源于美国 STEM 国家课程到小学课程标准,开设跨学科融合课程,拓展英语学科的外延知识,培养儿童的综合素养,在多学科的学习实践中,实现理解性学习,提高儿童的多方面的技能和认识以及实践创新能力。基础科学课程的推进也同样激发了英语学科的跨学科融合,通过开设科创英语课程,让儿童从小打好科学基础,同时通过英语语言的渠道去理解别样的科学实验和科学道理,激发英语学习兴趣,拓宽英语语言学科知识面。

三至六年级分别开设基础英语科学课程:声音的原理、物质的形态、神奇的星球、认知人体系统。

（三）智绘英语

开设英语绘本教学这个综合性的英语课型,目的在于把主动权交给儿童,对文本故事深度和维度上进行创新型尝试。不仅限于故事本身,更加注重故事背后的寓意和含义,从中提取人文点,使儿童联结之前知识,进行语言操练,把从故事到故事,上升到故事到世界,最后上升到故事到自我的层面。让儿童理解故事中的道理,为今后学习和生活提供思想教育意义。

三至六年级依次开设了绘本阅读课和课本剧展演,选用丽声北极星绘本和原版绘本故事教材。从趣味小故事到中级读本。让儿童养成良好的课上和课后自主自由阅读的习惯,体验绘本故事的内涵和魅力。

（四）英语社团

充分发挥英语的工具性,增加课外英语语言的实用性,开设各类英语社团为英语的学习增添色彩。三至六年级开设的英语社团分别是开心跟我说、晨间小主播、魅力音乐团、佳片有约。

二、学科课程设置

围绕"体验地道英语学习"学科理念，同时考虑不同年段的特点，我校"纯享外语"课程设置见表5-2。

表5-2 "Pure English"各年段课程设置表

年级\课程\学期		律动英语	智绘英语	科创英语	英语社团
三年级	上学期	攀登英语阅读有趣的字母	丽声妙想绘本第一级至第二级	科技发展历程	开心跟我说
	下学期	神奇动物歌	丽声妙想绘本第三级至第四级	声音的原理	开心跟我说
四年级	上学期	变戏法	丽声北极星分级绘本 第三级上	物质的形态	晨间小主播
	下学期	迪士尼律动英语	丽声北极星分级绘本 第三级下	物质形态变化	晨间小主播
五年级	上学期	经典怀旧	校园的绘本故事	神奇的星球	魅力音乐团
	下学期	金曲赏析	绘本剧展演	月相	魅力音乐团
六年级	上学期	我是小歌手	Roald Dahl系列丛书	认知人体系统1	佳片有约
	下学期	金牌配音员	Roald Dahl系列丛书	认知人体系统2	佳片有约

第四节 让儿童体验分享英语的快乐

英语学科应体现语言学科的趣味性和实用性。我校结合学校自身特色和教师团队的素质和特点,实施"纯享英语"课程,一切从儿童的兴趣出发,基于儿童发展能力和学习能力,围绕"体验地道的英语学习"理念,从语言多角度多维度培养儿童的英语学科核心素养。激发儿童英语语言潜质的同时,鼓励儿童在课外乐于运用和分享所学知识,学会分享体验快乐。

一、 建构"Pure English"课堂,提升语言的真实性

结合我校英语特色教学的理念,依托英语教材,利用丰富的学习资源,根据不同学段儿童的身心特点,结合我校自身英语教师团队的教学特长和英语教学水平,我们创设我校特色"纯享"英语课程群。并秉持多维开发的理念:

(一)"Pure English"课堂的内涵

Perfect:课堂是真实的。素材是地道的,提升课堂吸引力的同时,尊重英语语言文化,让儿童感受原汁原味的英语语言。

Utility:教法是高效的。儿童依据自身能力,在短暂的课堂情景中快乐学习,学有所用,充分体现英语的工具性和人文性。有利于提升社交和共情能力。

Remindful:教学过程是多样的。儿童积极参与的同时运用多种感官形式的英语教学能让儿童形成良好的记忆,使儿童情绪转化为动力和记忆。

Effective:教学结果是有效的。儿童在轻松的氛围中体验语言的魅力,在体验中获得语言反馈和改正,提升综合语言运用能力。

紧扣"体验地道的英语学习",坚持以儿童的内在自身兴趣为基础,创设课程群。从三年级开设英语,从低年级的感知英语到高年级的认知英语。教师做到以儿童兴趣为导向,关注儿童的英语学习需求。创设 Pure speaking、Pure Reading、Pure science、Pure salon 四种课型。

1. 纯享交际表达。儿童在具有音乐律动的歌曲和体验参与中,自然地重复着旋律与英语词汇句型,加上教师的示范和带动,儿童边听边说边做,创设了一个活跃而又自然的听说课堂。充分发挥旋律、节奏带来的英语语言魅力。

2. 纯享阅读理解。"引用原版英语教材和课外有声绘本读物,儿童在阅读的同时也感受到原版英语语言背后的魅力,快乐阅读,思维上提升的同时儿童也养成

了阅读的习惯和团队合作能力。适时采取卡干合作学习结构教学激发儿童学习动机,运用配对共学的模式改进传统课堂学习模式,使儿童学会快乐分享,提高课堂效率。同时通过课堂训练,提升儿童的课后英语阅读量,培养儿童自主阅读和持续默读能力"。[①]

3. 纯享科学拓展。大胆创新多学科融合课程,以英语为语言契机,让儿童感受语言的同时学习基础科学知识,采用与世界儿童同步的基础英语科学教材,积累基础知识提升兴趣,也对儿童今后的学习有所帮助。

4. 纯享语音沙龙。基于学校英语社团形式开设的音乐、电影、英语角等体验式学习,重在让儿童感受发音,利用不同手段和形式让儿童从小建立标准发音的语音记忆,纠正错误的发音,用最地道、直接的听说唱等形式,激活感官,激发语音潜能。达到语音记忆从小培养,语言能力厚积薄发。儿童不必刻意在乎语法,旨在创造一个轻松愉悦的英语交流环境。

（二）"Pure English"课堂的评价方式

"纯享课堂"以纯粹乐享的方式激发儿童的学习动机,对课堂教学目标、教学设计、教学过程、教学效果等方面设置。南京路小学"纯享课堂"评价具体内容见表5-3。

表5-3　"Pure English"课堂教学评价表

评价项目	赋分	评价标准		得分
教学目标	20	是否体现纯享英语理念	10	
		是否以师生互动达成教学目标	10	
教学设计	20	教学设计思路清晰	10	
		活动设计是否符合教学目标	10	

① [美]斯宾塞·卡干,[美]劳里·卡干.59种卡干合作学习结构[M].马斯婕,盛群力译,广州:广东教育出版社,2019:1.

续　表

评价项目	赋分	评 价 标 准		得分
教学过程	30	过程是否面向全体儿童	10	
		课程是否灵活多样	10	
		儿童的投入专注度	10	
教学效果	30	儿童对整堂课的兴趣度	10	
		儿童是否有所收获	10	
		儿童英语表达能力是否改善	10	

二、 打造"Pure English"系列课程，推进英语特色课程

"Pure English"课程采用多样的实施途径和多维的评价手段，提供丰富多彩的学习体验。

（一）"Pure English"课程群的实施

"纯享英语"特色课程有四大类别，分别是律动英语、科创英语、智绘英语和英语社团四大类。

1. 律动英语。每周开设一次律动课程，以小组和个人 TPR 表演的形式进行。通过绘本故事、词汇表演和歌曲联唱的形式让儿童体会英语语言的律动性。

2. 科创英语。每周分低端和高端分别开设一节以英语为语言基础的跨学科多维科创课，让儿童通过多媒体和小实验，运用英语来学习科学原理。在多学科的学习过程中，理论与实践相结合，实现深层次的理解性学习，提高儿童各个方面的技能，大胆动手，实践创新。

3. 智绘英语。每周的绘本故事课堂为孩子们带来趣味故事阅读，通过分组分角色进行任务型阅读，形成阅读圈，进行合作阅读，理解故事的同时提升思维能力。通过每学期筹备的服装、道具、音乐等举办一次绘本故事展演活动，评选最佳表演团队的班级。

4. 英语 club。通过学校组织开展各式各样的英语俱乐部来吸引相同兴趣的儿

童加入到英语学习的队伍中。以走班式自由报名的形式每个俱乐部每周进行一次自由英语沙龙活动；教师通过如器乐弹唱英语歌曲等形式的教学；搜集各类新闻和生活话题，以此来探讨交流；一起欣赏经典的美丽动画片；每周一播，跟我学等，达到共同学习，在生活化体验中感受英语语言的欢乐本真。

（二）"Pure English"课程群的评价

"纯享"英语课程群质量评价，结合学科特点，根据课程内容的不同，课程群评价分为：基础评价、特色评价、终结性评价。最终的评价等级依据各项评价等级进行评定，具体内容见表5-4。

表5-4　"Pure English"课程群质量评价表

评级内容		评 价 等 级			
		过程性评价			综合性评价
		A	B	C	☆/☆☆/☆☆☆
基础性评价	参与能力				
	听说能力				
	读写能力				
特色性评价	动手能力				
	感官能力				
	思考能力				
终结性评价	拓展素能				
	基础素养				

三、 创办"纯享英语社团"，彰显儿童个性化特点

作为英语语言学习者，大多数儿童由于英语不够熟悉，便将英语作为第二语言

来学习。我们大力开发"纯享英语社团",努力打造英语浸入式教学模式。让儿童在社团活动中,在教师的示范和引导下参与整个学习过程,对所学知识和内容形成理解和记忆。如让儿童通过肢体和互动,以便让儿童更直观地了解在游戏中学习、英语生活化,也可以更好地激发儿童对英语学习的浓厚兴趣。通过悦耳的英语音乐、有趣的图片和游戏、直观的动画视频充分调动儿童的情感和兴趣。如:英文歌曲我会唱、电影世界等,让儿童开拓英语学习的视野,塑造良好的性格。

基于"体验地道英语学习"的课程理念,同时为丰富儿童的课余英语环境,提高儿童的学习兴趣和口语水平,满足不同儿童对英语学习的多种需要。学校开设"Pure English"社团,创造儿童交流平台,让儿童自主选择,教师组织引导,发挥儿童的主体性。

(一)"Pure English"社团的建设

学校在学期初,通过海报形式吸引儿童自主报名参加"Pure English"社团,以走班的形式,在每周二上午和周三至周五的下午进行。"快乐试唱"适用于三年级儿童,通过简单的童谣和儿歌,激发儿童的语言旋律感,让儿童从小感受语言的旋律美,同时敢于表达和开口唱。"晨间小主播"适用于四、五年级的儿童,利用晨间半小时时间,通过情景交际的方法把儿童感兴趣的话题以新闻和聊天的方式进行简单的口语表达,提高语言使用频率,提升流畅性和熟练度。"魅力英语团"适合高段六年级儿童,高年级儿童已初步形成对语言的语音认知,积累了一定的单词量,通过自编自导的英语话剧,增强语言的表现力。同时通过教师的教唱,让儿童跟着教师一起学唱一些体现英语国家文化的当代英语歌曲。让儿童在唱中学、演中用,乐于用英语表达。"佳片有约"适合各个年龄段的孩子,旨在让儿童开阔英语视野,同过欣赏多种趣味又有教育意义的国外获奖动画片来激发儿童的想象力和英语思维的语音语感的潜质。同时体会和学习其中所蕴含的深刻寓意和人生道理,起到很好的语言育人的效果。

(二)"Pure English"社团的评价

英语社团以英语语言为基础,开阔英语学习视野,提高英语口语和语言综合能力。英语社团的开展满足了儿童多元发展的需求，可以让儿童在社团中锻炼提升自我，同时也是展现个性的场所。根据得分情况评比出"风采小达人"称号，具体评价内容见表5-5。

表5-5　"Pure English"课程社团特色性评价量表

形式	评价内容	评　价　标　准	等级	评级
纯享社团评价表	快乐试唱	1. 能大体唱出完整歌曲并且不跑调；	A	
		2. 能唱出但词和音不准；	B	
		3. 只能记忆起旋律不能唱出歌词。	C	
	晨间小主播	1. 每周按时完成每周一播，跟我学并能流利读出文本材料；	A	
		2. 语言结巴，不够流利；	B	
		3. 不能完成大部分的广播材料，由教师完成。	C	
	魅力英语团	1. 积极参加并表现优秀，能力突出；	A	
		2. 参与但不能很好表现自我；	B	
		3. 不能遵守纪律和捣乱。	C	
	佳片有约	1. 能按照教师指引欣赏电影、理解电影；	A	
		2. 不能很好地理解电影内容；	B	
		3. 无法理解和接受电影。	C	

四、 建立"纯享英语"考核制度，提高儿童英语学习质量

"纯享英语"就是让儿童走进英语的乐园、享受英语的魅力、促进儿童英语素养的全面提高。

（一）"纯享英语"考核的实践与操作

为考察儿童在掌握基础知识的基础上的综合语言运用能力，学期结束前进行开放式英语质量检测，评价方式为口语测试和表扬激励为主，同时以不同奖励形式对儿童的测试成绩进行评级。考察内容以课本话题和趣味故事为主。

1. 快乐拾贝。半分钟准备时间,抽取一个包含图片的贝壳,以口头作文的形式对所见图片进行英语表达阐述,测试儿童的语言组织能力和平时词汇量的积累。

2. 才艺达人秀。让儿童利用平时所学课外兴趣,展现英语课外素质拓展能力,同时融入英语语言,以歌曲配唱、器乐弹唱、英语朗诵、舞蹈等形式考察儿童的英语文化品格和思维品质。

3. 故事大王。利用平时所读的故事,随机观看故事的封面,对故事内容或所读所感以英语的方式进行表述。锻炼儿童故事记忆能力和词语组织语篇表达能力。

(二)“纯享英语”考核的评价要求

考察儿童通过听看获取解读信息的能力。通过听力和阅读两个环节测试儿童基础知识的掌握程度以及阅读能力和表达能力等英语综合运用能力的水平。设置“纯享英语”课程期末游园质量监测评价量表,具体内容见表5-6。

表5-6   “Pure English”课程期末游园测试量表

形式	评价内容	评 价 标 准		等级
期末游园测试	快乐拾贝	能够对所选话题和图片进行流利的语言表达,无语法和发音错误		海豚
		能够说出句子,但不能够进行流利完整的语篇表意,同时不能对教师的问答问题快速反应		小鱼
		只能够说出部分单词,不能够形成句子和语篇表意,表达能力较弱		海螺
	达人秀	才艺能力出众具有艺术天赋同时体现英语素养		完美
		能够进行完整英语才艺表演		很好
		不能够完整进行才艺展演,出现暂停、忘词等现象		加油
	故事大王	阅读能力评测标准	赋分	得分
		依据平时智绘课堂上的表现	25分	
		能够快速对所见故事进行反应,并说出故事梗概和中心意思	25分	
		平时阅读积累的故事,根据儿童平时自由阅读的数量	25分	
		能否带着自己最喜爱的故事与大家进行分享阅读	25分	

　　"纯享"课程将从多角度开发、丰富课程资源,拓展学习渠道。利用教学资源,开展多种形式多渠道的教学。教师利用学校的各种多媒体教学资源和设施,如广播、图书、录播室、语音室等开展多媒体教学。

　　基于学校教师自身个人综合素养,创设具有学校特色的英语教学形式,如开创校园广播英语角锻炼儿童英语开口表达能力和信心,通过学校英语俱乐部和英语书吧和电影欣赏提升英语兴趣,感受英语语言魅力。中高年级通过英语和音乐的融合开设英语音乐课堂,把枯燥的语言变成具有旋律和节奏的别样英语课堂。

　　基于当代互联网时代的英语教学课程开发。让课堂成为教学相长师生共同成长的乐园。教师在不断教学实践中把自己的教学经验和体验与儿童进行分享,创设民主型课堂。信息化时代,充分利用网络资源,尝试一些如家校平台、在线视频和多样自主英语学习软件,拓宽课外学习渠道。

第五节　师生互动共学,提升英语素养

一、确定"纯享"英语课程的共同价值

　　经过全体英语老师不断推敲研究,在教研会议上确定我们的精神核心为"纯享"英语,即魅力体验、激励搜索、快乐分享。课堂站在关注儿童健康成长的高度,让教师成为快乐的教育者,儿童成为快乐的学习者,教师与儿童在轻松愉悦的氛围中一起快乐体验"教学相长"。

二、开展"纯享"英语课程的深入研讨

　　创造高品质的英语教研氛围,老师的业务成长过程也是老师生命成长的过程。我们通过教研的方式,让老师与老师之间有了更多的探讨与交流,把个人的困惑与经验与大家进行分享,根据教学的经验和疑虑进行归纳总结。有计划、有目的地进行展示和共享,通过一位老师的公开课带动一个组的教研,感知自身教学能力的进步,发现自己工作中的不足,并及时进行调整,从而确立自己的教学方向。

　　教研内容包括:对听课、磨课的整体认识和宏观把握,对课程标准、教学要求、

教材编排的理解、教学重难点的把握,把在实际教学中遇到的问题通过定期组内教研活动,教师反馈问题,组内讨论交流解决,得到自身教学教法的改进和指导,以学促教的模式提高课堂教学授课质量。

三、 促进教师专业素养的持续发展

作为教师,我们要有终身学习的能力,特别是作为一名英语教师,站在语言学科的平台上,更要了解儿童的发展和人际发展的能力。组内教研立足课堂教学,加强教育科研,积极探索高效的课堂教学策略,不断提高教育教学质量,以课例研究为载体,不断学习、实践和反思,加强课堂教学改革,不断增强教研组主动发展意识,形成具有学科特色的校本研究方式。通过理论学习,注重日常教学反思,自觉更新教育教学观念,通过学校教研,充分理解把握核心素养与英语学科之间的关系,并运用于英语教学实践中,争做学习思考型教师。开设课例研讨,提优教学策略,通过情景式教学,丰富英语课堂的同时,努力践行优质高位精品英语。及时总结和归纳反思,做到知行合一,提炼优秀教学经验,汇聚教师个体的、独特的教学智慧,从而塑造具有教学特色的教师个体和教研组。

四、 保障课程实施的规范化制度

依托学校各项制度,制定学科管理制度,如:常规管理制度、课程管理制度、游戏制度、教研制度、课题审议制度、教师管理制度、考核和评价制度等,运用科学的课程标准做指导,建立配套的课程管理。增强课程的创生性和发展性,制订学期课程计划,周课程计划,在活动中实施拓展课程。

英语组负责创设学科课程,管理实施和学业评价,依据教师不同兴趣特长和个性特点。围绕儿童的培养目标,兼顾学校学科特色资源,创设适于儿童和教师情况的英语学科课程。

教研活动精致化:组内集体教研,两周一次小反思,四周一次精品反思。组内对特色课程进行"四磨一理"的教研模式,从磨课到公开课都做到精益求精,除备课外,还对每个课型和课例进行专题备课组小组讨论,通过多种形式教研活动,形成良好的教研氛围,凝聚英语教师智慧,提高英语组的教学水平和教育科研能力,不断打造更加优质的英语课堂。

　　基于儿童发展角度，保证儿童的全面发展，发挥评价导向与激励作用。从课程设置，课程内容，儿童反馈，师资和资源配备等出发，保障课程认证。认证本课程相关内容的方式是通过内部评估与实地调查相结合，定期召开教研组会议，反馈课程的合理性等。课程认证一般安排在学期末，这并不意味着学科课程开发的结束，所获得的信息要作为下一轮学科课程开发决策的基础。

　　综上所述，我校英语学科基于《义务教育教学课程标准(2011年版)》具体要求，结合学校自身情况和特色，围绕培养儿童综合语言运用能力为基础，确立了"体验地道英语学习"的学科理念，以"纯粹"的英语为课程核心，制定了一系列的课程目标和学科课程体系。"纯享"英语课程注重儿童学习的过程与体验，英语学习始于英语兴趣，成于良好英语学习习惯。奠定儿童日后英语学习的基础素养，借助英语这把钥匙打开通向世界的大门，成为拥有国际视野的当代中国小公民。

第六章

思维矩阵
中观课程的管理取向

如果说课程是一个围绕学生成长运行的体系，那么管理就是这场运行的动力源。 管理是课程的一部分，是课程的中枢神经，是始终保持课程生态化的法宝。 中观课程的管理应该包括课程功能、结构、内容、实施、评价、管理权限等方面的内容，努力形成天然的、逻辑严密的课程肌理。 从确定学校中观课程的理念开始便将理念融入课程实施，并建立主体性的课程管理制度，创建主体性的课程管理机制，实现课程评价方式的主体性转化，使得学校中观课程管理良性运行，以此提升课程的执行力，提升学校文化凝聚力，激发学校的主体活力，形成学校鲜明的办学特色，这也是课程管理的终极追求。

➡ 玩探科学
在学中玩，在玩中开启探究之路

　　随着课程改革的不断深入，南昌市南京路小学根据《义务教育小学科学课程标准》，深化课堂改革，研究科学教材教法，取得一定的成绩。目前，小学科学学科教研组共有在岗在编中青年教师 10 名，其中专职科学教师 2 名，兼职科学教师 8 名，师资队伍优良，结构合理。现依据教育部《关于全面深化课程改革落实立德树人根本任务的意见》《义务教育小学科学课程标准(2017 年版)》以及南昌市南京路小学办学理念，让儿童开启"玩探科学"之旅，体验趣味科学带来的乐趣，培养科学探究意识，做一名新时代的科学爱好小达人。

第一节　感知玩探科学课程内涵

一、　学科价值观

　　《义务教育小学科学课程标准(2017 年版)》指出：小学科学课程是一门以培养儿童科学素质为宗旨的义务教育阶段的核心课程，在小学课程设置中与其他主要学科一样，具有十分重要的位置。科学素质的形成需要漫长的过程。早期接受科学教育对学生科学素养的形成具有十分重要的作用。科学素质一般包括：养成科学学习的好习惯，对自然的好奇心和求知欲，能用科学方法、科学能力认识自己和周围世界，具备进行科学探究所需的科学思维和方法，将科学知识应用于生活，在与自然界和谐相处时具有科学的态度及科学精神。

　　小学科学课程具有综合性。1—6 年级科学教材设置的内容有效地综合自然科学各个领域如：物理、化学、生物、地理相关内容都有设置。科学课程强调儿童能应用多领域的知识和方法解决实际问题，强调科学与其他学科相互渗透，促进儿童的全面发展。

科学课程是具有活动性质的课程。科学课程把探究活动作为儿童的重要学习方式，强调在"做中学"的学习过程，在实验活动中获取基础性科学知识，培养科学素养，学会科学的探究方法。在知识的探究发现过程中，提高儿童的学习兴趣，保护好儿童的好奇心。

我们认为"玩探科学"是在儿童掌握基础的科学知识的前提下，发展能力的课外延伸，让儿童在老师的指导下开拓思维，开启探究之路。

二、 学科课程理念

"玩探科学"秉承着"让儿童在学中玩，在玩中探"的教学理念，让儿童在科学探究中体验科学学科的魅力，学习基础的科学知识，体会有趣的科学探究过程，让儿童学会用科学的眼光看世界。

（一）"玩探科学"是有情景的课程

《义务教育小学科学课程标准(2017年版)》指出："小学科学课程倡导以探究式学习为主的多样化学习方式，促进学生主动探究。""玩探科学"是让儿童在特定问题情境中开始知识的学习与探究。从儿童已有知识水平及其经验出发，展开科学的探究性学习，让他们在实践中感受科学的重要性，了解科学与日常生活的密切关系，慢慢学会分析探究和解决与科学有关的一些简单实验现象及生活中遇到的问题。

（二）"玩探科学"是重研究的课程

"玩探科学"主要是以科学探究实验为基础，研究物理、化学、生物、地理、天文等各类科学现象的学科。儿童在老师的指导下一起开展科学探究式的学习，让儿童在老师的帮助下也做一回科学家，主动地去发现去研究问题，在"玩探科学"的探究实践中培养儿童的创新精神和实践能力。

（三）"玩探科学"是可实践的课程

实验是"玩探科学"课程中最重要的学习方式。本课程强调从儿童熟悉的日常生活出发,通过儿童亲身体验的活动方式,知道科学探究的具体方式和技能。在实践中强化学习能力,塑造良好的科学态度,这就是"玩探科学"的具体表现。

(四)"玩探科学"是具体创造性的课程

科学家涵盖两种不同类型的工作,科学家在研究自然界并试图了解它,另一些则在创造自然界不存在的物质。儿童沐浴贤文化,能更好地从科学的角度认识世界、改造世界和保护世界,促进社会的进步和文明。

我们期望,以课程理念为立足点,以儿童兴趣为出发点。带领儿童一起走进本次课程设计的内容中。"玩探科学"注重培养儿童的兴趣,保护儿童的好奇心,提高儿童的科学探究意识,树立科学精神和科学态度。

第二节　玩转科学　体验探究之乐

《义务教育小学科学课程标准(2017年版)》指出：小学科学课程以激发儿童学习科学的兴趣,提高儿童的科学素养为主旨,帮助儿童了解科学探究的基本过程和方法,培养儿童的科学探究能力,获得进一步学习和发展所需的科学基础知识和基本技能。为有效地使课程开发与实施我们制定了"玩探科学"课程目标。

一、 学科课程总体目标

依据《义务教育小学科学课程标准(2017年版)》及"玩探科学"的课程理念,我们将"玩探科学"的总目标制定为"学科学、玩科学、探科学、用科学",并从"科学知识、科学态度、科学探究、科学应用"四个方面进行阐述。

(一)科学知识目标

"玩探科学"注重科学基础性知识的学习,根据《义务教育小学科学课程标准(2017年版)》指出:"小学科学学习生命世界、物质世界、地球与宇宙三大领域中浅显的、与日常生活密切相关的知识与研究方法,并能尝试用于解决身边的实际问题。"通过对科学基础性知识的学习，了解物质的常见性质、用途和变化，在"玩探科学"课程的学习中，在不同年龄段儿童思维发展科学特点的基础上，帮助儿童了解与认知水平相适应的科学知识，了解自然界中物体、现象以及它们的关系，更好地完成"玩趣科学"设计的内容。

（二）科学态度目标

做什么事都需要正确的态度。"玩探科学"要求儿童在学习的过程中养成良好的科学态度，这就是我们"玩探科学"的科学态度目标。通过一系列的科学学习活动，让儿童对周围的科学现象充满兴趣和求知欲，乐于参加科学活动，对科学结论持客观态度，能和小组成员合作交流。

（三）科学探究目标

"玩探科学"是学生乐于学习、主动探究的课程，科学的学习是以探究式的学习方式为主，探究式科学学习的主要方式，探究能力的发展是科学的主要目标。"玩探科学"让儿童在探究中学习，培养学生最基本的科学研究素养，能熟练地掌握规范的科学探究方法，"玩探科学"强调指导教师进行因材施教，设置探究活动，根据儿童的个性差异，由浅入深地进行施教，培养儿童的实践能力和创新精神。

（四）科学与应用目标

"玩探科学"是基于基础课程的课外的延伸，它包含着生活中的一些趣味小实验，认识动植物以及有关科技方面设置的一些活动，了解到科学知识与生活密切相关，并能将科学知识应用于生活中。

二、 学科课程年段目标

依据《义务教育小学科学课程标准(2017年版)》，教育部审定的《义务教育教科书》以及人教社出版的《义务教育教科书教师教学用书》，特制定各年段的科学学科课程目标见表6-1。

表6-1 "玩探科学"各学段课程目标表

课程目标				
年级	科学知识	科学态度	科学探究	科学与运用
低年级 1—2年级	1. 知道生物体的生命活动 2. 能描述一些常见物质的基本特征 3. 能利用工具完成一些简单的小实验任务 4. 知道磁体相关知识	会主动去发现生活中的一些小实验,并进行探究;乐于在活动中倾听表达;能在活动中享受到学科学带来的乐趣。	在老师的指导下能在科学的思维下开展科学探究活动。	能在生活中发现科学,并将简单的科学知识解释一些简单的科学现象。
中年级 3—4年级	1. 知道生物的生命之源是哪些 2. 知道什么是溶解 3. 了解声音的特点 4. 知道电的有关知识 5. 观察物体腐烂的一些现象	在生活中主动去观察一些生活中的一些现象并进行探究其中的奥秘;在小组之间能进行合作学习;感受科学探究带来的乐趣。	在老师的指导下能用科学探究的方法进行科学探究;能听取别人的建议,进行反思并调整自己的探究方法。	在所学的知识基础上,将知识应用于生活。
高年级 5—6年级	1. 知道我们身边光的一些特点 2. 知道沉浮的相关知识 3. 了解滑轮的特点 4. 观察记录豆芽的发芽情况 5. 知道不同材料的传热能力 6. 了解基础的3D打印,无线电测向,航模相关知识	能运用抽象、概括、推理、思维方法开展科学观察、实验、阅读和表演等活动。	在教师的指导下能利用科学的探究方法完成该年级设计的相关课程;能大胆猜疑,敢于挑战权威。	在学中玩,在玩中开启科学探究之路,并将所学的知识灵活应用于生活。

第三节 架构多彩科技梦想

"玩探科学"课程设置包括基础课程和拓展性课程,基础性课程的设置完全依据小学科学课本设置的内容进行设置,侧重提高儿童基础性的科学知识培养儿童的科学意识及科学探究能力,基础性课程的设置为拓展性课程的设置奠定基础,拓展性课程的设置注重培养儿童科学知识与社会实践相结合的能力,让儿童将学到的知识应用于生活,培养学生动手能力,养成动脑动手的科学习惯。

一、 学科课程结构

　　根据《义务教育小学科学课程标准(2017 年版)》的课程标准、小学科学学科核心素养、儿童的发展特点以及儿童特质,基于"玩探科学"的课程理念课程主要围绕"科学与生活""科学与探究""科学与科技"三大类别,鉴于此,我校科学学科课程结构见图 6-1。

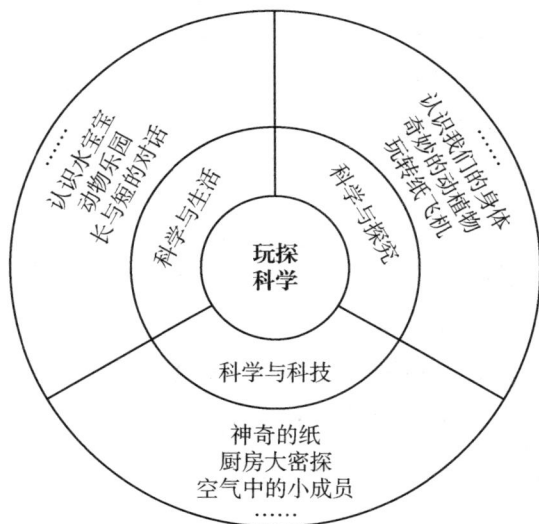

图 6-1　"玩探科学"课程结构图

（一）科学与生活

　　科学与生活的内容是依据教科书设置的基础内容进行设置,让学生在学习科学知识的基础上在生活中发现一些科学问题,带着问题去进行一些有趣的科学小实验,从而体会到"玩探科学"课程带来的乐趣。

（二）科学与探究

　　科学与探究内容的设置也是以教科版小学科学本为基础,设置一些探究性比较强的课程,科学与探究主要让儿童积极主动地获取科学知识,学习科学研究方法。"玩探科学"课程依据学生实际情况,设置科学探究的课程内容让儿童发现现实世界中的科学问题,针对特定的科学现象进行观察探究,在不同活动的开展中,培养他们善于合作、勇于创新的意识,发展儿童的科学探究能力。

（三）科学与科技

　　科技技术的迅猛发展已经显示出巨大的社会效益和经济效益,并越来越多地影响人类的生活和社会的发展。"科学与科技"是在"科学与生活"和"科学与探究"的基础上设置课本外的一些拓展性课程,丰富儿童对科学技术的感性认识,老师也以多种方式鼓励学生去获取更多有关科学技术的资料,帮助学生理解科技技术对人类社会发展的重要意义。

二、 学科课程设置

　　"玩探科学"课程是以国家课程为基础,依托学校办学特色资源及我校开展社团活动相关资源,根据每个学段基础课程内容特点、儿童的知识水平及性格特点,设置多门拓展性课程。1—6年级的课程设置都是从科学与生活、科学与探究、科学与科技三个方面进行课程的设置,具体设置见表6-2。

表6-2　"玩探科学"各年级课程设置表

实施年级	上、下册	课程板块		
		科学与生活	科学与探究	科学与科技
一年级	上册	1. 长与短的对话 2. 动物乐园	1. 神奇的纸 2. 厨房大探秘	玩转纸飞机
	下册	1. 认识水宝宝 2. 谁轻谁重	1. 空气中的小成员 2. 植物名字猜猜猜	奇妙的动植物

续　表

实施 年级	上、下册	科学与生活	科学与探究	科学与科技
			课 程 板 块	
二年级	上册	1. 土壤中的生命 2. 变脸的月亮	1. 椅子不简单 2. 不一样情绪的天空	认识我们的身体
	下册	1. 碰"磁"现场 2. 身体的"时间胶囊"	1. 我的南方与北方 2. 走进大自然的内心世界	科幻画
三年级	上册	1. 我们的生命之源 2. 我是天气预报员	1. 大陆漂移 2. 瘦子变胖子,空气来帮忙	建筑模型
	下册	1. 我们的"过山车" 2. 变态的蚕宝宝	1. 白天与黑夜 2. 我的影子小跟班	我是小小发明家
四年级	上册	1. 神奇的溶解 2. 奇妙的声音	1. 会说话的尺子 2. 豆子在体内的旅行	走进"南昌舰"
	下册	1. 站立的头发 2. 生病的面包	1. 种子寻找家园 2. 不一样的电路连接	南昌的桥
五年级	上册	1. 种植我们的豆芽 2. 不会拐弯的光	1. 有力的橡皮筋 2. 动手做个太阳能热水器	3D打印
	下册	1. 会游泳的土豆 2. 传热比赛	1. 建造一艘小船 2. 摆来摆去	四驱车拼装
六年级	上册	1. 定、动滑轮转转转 2. 相貌各异的我们	1. 我是小小桥梁工程师 2. 走进动物世界	无线电测向
	下册	1. 放大镜下的世界 2. 会变脸的淀粉	1. 探索宇宙的奥秘 2. 垃圾分分分	航模模型

　　总之,"玩探科学"课程设置以《义务教育小学科学课程标准(2017 年版)》为依据,依托基础性课程,结合儿童年龄特征和个性特点,积极开发拓展性课程,以激发学生的科学学习兴趣,提高儿童科学认知水平和能力。

第四节　多途径追逐科技梦

　　"玩探科学"课程提出实现回归现场且学习有价值的内容,课程将从构建学习共同体、创设形式多样的课堂、创办科技节等方面进行实施。

一、 建构"玩探科学"课程

　　让儿童像科学家那样学习和研究本次课程设计的相关内容,学习有用、真实的科学知识;通过情境的创设,可以给儿童设计发展的台阶,引导儿童主动积极地学习;建设教师、儿童学习共同体,目的是发展儿童的思维,提升儿童的学习能力。

(一)"玩探科学"课程要义与操作

　　"玩探科学"学习是在特定情境中与现有认知水平之间相互作用的过程,由儿童进行自我构建,让儿童在特定的探究问题或真实有趣的情境中,通过实验设计、实验论证等科学探究过程有效进行科学学习。尤其教师进行课堂导入能把儿童带入学习情境是关键所在,是"玩探科学"探究性教学的出发点。

　　"玩探科学"课程设计可以提出如下模式。

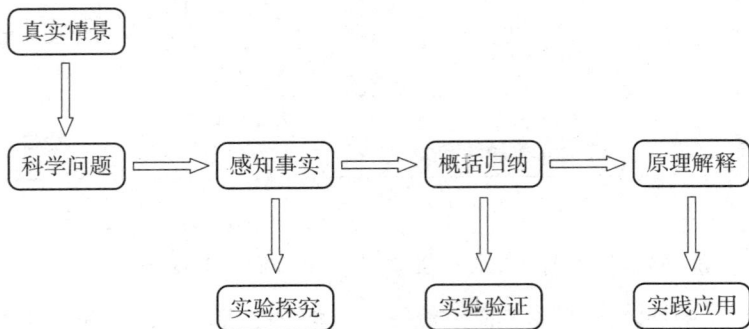

（二）"玩探科学"课程评价要求

我们采用过程性评价和综合性评价相结合的多重评价方式,让教师有明确的教学目标及思路清晰的教学设计,帮助学生树立自信。全面评估儿童的学业质量及水平,加强教师对"玩探科学"的理解,促进教师的专业发展,具体评价方式见表6-3。

表6-3　"玩探科学"课程评价量表

评价项目	评 价 标 准
教学目标 （20分）	1. 密切围绕新课程标准的要求,让儿童掌握基础的科学知识,提高科学意识,学会科学探究方法。 2. 根据儿童的个性差异及基础知识水平,因材施教设置不同层次的教学目标,让每名儿童在学习的过程中获得最大的收获。
教学设计 （20分）	1. 教学设计主线清晰,层次分明,结构合理严谨。 2. 教学设计中重难点突出,内容设计符合儿童特点,每个环节设计合理紧凑。 3. 让学生在课堂中有目的地玩,在玩中提高儿童的科学探究方法及科学探究的意识。
学习活动 （30分）	教师的教 1. 教师语言规范准确,实验操作规范科学,指导到位。 2. 尊重儿童的心理要求,尽可能照顾到学生的个性差异。 3. 教学方法多样,注重实践探究。 学生的学 1. 主动参与课程,有学习的兴趣。 2. 善于合作,有集体荣誉感。 3. 在探究活动中儿童猜想有依据,探究方式灵活多样,方案严谨,观察仔细,记录客观。 4. 有良好的科学学习习惯。
课堂效果 （20分）	1. 达到设置的教学目标。 2. 儿童的参与度高,学习氛围浓厚。 3. 实验操作规范、严谨。 4. 儿童能将所学的知识应用于生活。

续　表

评价项目	评　价　标　准
课堂文化 （10分）	1. 教师能发挥个人优势，促进课堂的开展，课堂气氛和谐。 2. 儿童自主探究，积极合作，分工合理，互相帮助。 3. 在本次课程实施中提高儿童科学意识及科学素养。

二、 建设"科学兴趣小组"

（一）"科学兴趣小组"主要类型及内容

1. "科学兴趣小组"的类型：科学兴趣小组可以根据不同的内容，细分为科学思维小组、科学寻访小组、科学魔术小组、科学创客小组等。

2. 小组成员的组建：(1)活动对象为一到六年段儿童，以自愿的原则，选择加入一个或多个兴趣小组。(2)由于低年段学生的动手能力及语言组织能力都还较差，因此一到三年级的学生原则上都只加入"科学魔术小组"和"科学寻访小组"。(3)"科学思维小组""科学创客小组"小组对学生动手能力创新能力有一定要求，因此小组成员需为四到六年级学生。

3. 小组的实施方法：(1)小组成员的选拔，可根据报名人数情况，进行适当的筛选，并根据学生的特点和表现，进行小组间的调整。(2)各小组开学初制订好自己小组的活动计划且及时作好科技活动记录。小组活动时间主要是利用课余时间，如：节假日、周六、周日。老师定期组织大家进行阶段性汇报、辅导（每周五下午第三节课）。(3)每学期，各小组至少组织一次全校性的成果汇报：或组装航模、或手工制品、或实践活动报告、或科技小论文、或科学手抄报等，提高小组成员的学习积极性。

（二）"科学兴趣小组"评价要求

科学兴趣小组采用多元评价方式，关注儿童自主、合作、探究的方式，让儿童学会倾听、协作、分享，收获体验活动的愉悦，学会提出有意义的问题，或者发表个人见解。教师从查找资料、调查报告、研究总结，或者根据活动记录、问题讨论、自我小结等方面对儿童进行活动评价，具体评价方式见表6-4。

表6-4　"玩探科学"兴趣小组活动性评价表

内容		评 价 指 标	等级			
			A	B	C	D
教师对学生的评价	活动参与	1. 兴趣小组的成员能主动参与到探究活动中来(3分)				
		2. 兴趣小组的组员们在参与活动中能遵守纪律,分工明确,活动效果明显(4分)				
	知识掌握	能掌握探究活动中的基础知识,并能灵活地应用于生活(10分)				
	探究表现	1. 小组成员敢于提出自己的猜想,并对探究实验的不同结果发出质疑(5分)				
		2. 熟悉探究实验步骤,小组合作和谐,分工明确(10分)				
		3. 有独特的创新性思维(5分)				
	情感态度	1. 小组合作的过程中培养强烈的集体荣誉感(3分)				
		2. 小组成员们都能形成良好的学习习惯(5分)				
学生相互评价	活动参与	发言次数,汇报次数,合作态度(2分)				
	收获	1. 动手能力(3分)				
		2. 熟悉探究实验具体步骤(3分)				
综合评价		1. 儿童倾听能力(2分)				
		2. 儿童合作能力(2分)				
		3. 儿童分享能力(3分)				

三、"科学学科节"活动

（一）"科学学科节"活动实施方法

　　设立南京路小学科学"学科节"活动,在我校开设科技社团,儿童在社团老师的带领下一起来探究本次课程设计的相关内容,在社团教学过程中可以用下面的命名进行的分组活动,活动包括南京路小学科学挑战赛、科学实验展示活动、科学创新实验大赛、科学趣味小实验系列、科学研究性小组活动等。

（二）"科学学科节"活动的评价方法

"科学学科节"主要以儿童的参与和竞赛为主,设立个人单项奖和班级奖励。各种活动设立特等奖 2 名、一等奖 4 名、二等奖 8 名、三等奖 14 名,并结合学生在活动中的表现及其他能力的体现评出南京路小学"南小创新之星""南小动手小能手""南小科技未来之星",具体评价方式见表 6-5。

表 6-5   "科学学科节"活动评价表

评价指标	评 价 内 容	评价分值
目标(20 分)	1. 活动主题鲜明、目标明确、重点突出。 2. 培养儿童的实践能力、创新能力和学习能力。	
计划(20 分)	1. 活动有详细的计划和方案。 2. 活动内容具有趣味性、创新性、实践性。	
实施(30 分)	1. 活动实施过程中确保学生的安全性。 2. 活动内容的设置符合学生的认知特点及年龄特点。 3. 活动形式多样,内容丰富。 4. 儿童在参加活动时井然有序,各项活动举行顺利。 5. 活动中做到公平、公正。	
成效(30 分)	1. 儿童在活动中有较强的求知欲,提高学生自主学习能力及合作交流的能力。 2. 儿童在活动中喜欢主动参与到活动中。 3. 科普氛围浓厚,活动实施顺利。	
总评价标准	评价结果分为优秀、良好、加油三个等级。 80—100 为优秀,60—80 为良好,60 以下为加油。	

四、 设立创新实验室

（一）"创新实验室"的建设路径

对于五、六年级儿童来讲,动手动脑能力相对低年级的儿童来讲要成熟很多,在课程教学过程中事先让儿童初步设计实验方案,利用论证后的方案,通过教师的指导再在实验室进行创新实验操作。在"创新实验室"里了解儿童操作过程的需要,可以自制科学仪器,创设符合课程特质的学科教室。通过改进实验装置,尝试探究实验、创新实验。

(二)"创新实验室"活动安排

"创新科学实验"的使用时间一般在学生的课余时间使用,可安排在下午第三四节课。单周一、二、三年级有需求的学生使用,双周四、五、六年级有需求学生使用。儿童没在规定的时间想到实验室进行实验时可以向老师提出申请,经批准后方可使用。根据科学课堂学习的实验内容,定期进行实验操作比赛,对学生的操作规范性进行评比。

(三)"创新实验室"的评价要求

"创新实验室"的评价要求主要从学生使用仪器的规范程度、实验操作步骤合理度、实验现象的正确性、实验后是否能正确整理实验器材这四个方面进行评价。具体评价要求见表6-6。

表6-6 "创新实验室"评价要求表

评价活动/ 成绩评定	1. 评价指标 (1)科学实验操作规范。 (2)能正确的使用实验器材。 (3)实验步骤准确。 (4)实验后能正确规范的整理实验器材。 2. 活动评价 (1)活动顺利进行,没有安全事故。 (2)活动中儿童之间能和谐相处,互帮互助。 (3)实验操作准确,能通过实验现象总结实验结论。 (4)能提出有依据的猜想,能完整表述出自己的实验结果。 3. 活动记录 (1)能完整的记录实验数据,并对实验数据进行分析。 (2)活动中分工明确,有指定的实验记录员。 4. 评价方式 (1)实验活动是否顺利进行,并且实验操作规范。 (2)实验器材损坏率。 (3)实验现象明显,实验数据准确,实验结论正确。 (4)儿童之间合作意识强,实验操作能力提高。

备注:根据儿童参与活动的表现情况评为优秀、良好、合格、加油四个等级。

第五节 抓住支点 撬动思维

一、 价值引领： 发展学科核心素养

本次课程设计以探究为基础,引导儿童培养良好的科学习惯,本次课程的学习影响儿童如何进行有效性的探究,并间接地影响着科学的学习习惯、学习的科学方法、学习的科学能力、学习科学的态度及培养学习科学精神等科学基本素养的养成。

（一） 设立科学学科"学术节"

教师业务成长是教师成长的重要途径,可以通过教师与学校之间的互动学习交流,实时进行总结归纳,学校有计划、有目的地进行展示和共享。科学教师对自己的成功经验进行总结并和其他科学老师进行交流,互相学习互相成长。确立专业发展"支撑点"。"学术节"就是这样一个平台,可以从一般(普通)的中青年教师开始,然后影响一批教师,让教师知道自身业务价值,发现自己的工作是件具有意义和价值的事,从而每位科学教师为自己的业务发展定位。

（二） 申报科学相关研究课题

以学科课程的开发为契机,进行申报省市级研究课题,或者建立子课题的相关研究。

二、 专业发展： 促进教师生活集体发展，提高教师专业水平

本次课程的教学由学校科学教师一起承担,科学教研组共同研究探讨,资源共享,一起成长。

（一）通过校本研修,学校科学教研组每周安排一次集体教研活动,教师之间提出本周遇到的问题进行讨论并总结实施方法,教师之间进行集体备课,提出在教学中好的建议。充分提高自己的专业知识水平,课程教学实践中,做学习型、思考型教师。

　　（二）通过课例研究，科学教研组进行课例的研究，确定课例研究课题，大家一起讨论，互相交流、互相学习、互相成长，在教学中优化课堂教学策略，采用情境化的教学导入方式和信息化技术支持，提高课程的教学质量。

　　（三）通过培训和反思，科学老师积极参加校内校外培训，认真做好培训记录，并对培训内容进行反思，及时总结和归纳，并提炼教学经验，形成教师个体独特的教学智慧，从而力争形成教师个体和教研组的教学风格。

三、 评价导航： 引导课程优质实施

（一） 儿童综合性评价

　　本次课程的评价应促进儿童科学素养、儿童科学探究能力及教师的教学水平发展。了解儿童需求，发现儿童潜能。鼓励儿童提出问题并展开科学探究，同时看到自己的优点和缺点，增强学习的自信。形成生动、活泼、开放的教育氛围。

　　积极倡导评价方式的多样化及评价目标多元化，坚持过程性评价与终结性评价相结合、定量评价与定性评价相结合、他人评价与儿童自评互评相结合，努力将评价贯穿于"玩探科学"课程学习的全过程。

　　1. 学习档案评价是促进儿童发展的一种有效评价方式。应培养儿童自主选择和收集学习档案内容的习惯，给他们表现自己学习进步的机会。儿童在学习档案中可以是一次小组活动的记录、一次小实验的报告、一项实验设计制作、一个知识问题的提出和解答、一种解题方法，等等，只要是自己花精力和时间得到的结论能使儿童感到自豪和具有成就感，或者能证明儿童在学习中不断的进步就可以采用。教师要通过儿童的成长记录全面反映儿童的发展情况，收集和分析能够反映儿童学习过程、结果的资料，是客观、公正地评价儿童学习的关键。

　　2. 活动表现评价。教师通过在教学本次设计的课程内容的过程中，通过观察动手及动脑能力的情况进行评价，这种评价是在儿童完成一系列任务的过程中进行的，评价的内容既包括儿童的实验活动过程又包括儿童的实验结果。它通过观察、记录和分析儿童在各项学习活动中的表现，对儿童主动参与的意识、小组间的合作精神、实验操作规范程度、探究能力、分析问题和总结结论的思路、知识的理解和应用水平以及表达交流能力等进行评价。

（二）课堂教学评价

课堂教学评价不仅要注重教师教学的行为表现,更要充分注重儿童的课堂行为表现及儿童学习的效果反馈情况,看看大多数儿童是否在最大程度上实现有效学习。因此,课堂要特别关注儿童学习活动的学习状态;关注学习活动创设的启发性,激发儿童学习兴趣,调动儿童学习积极性,启发儿童的科学思维;关注儿童在学习活动过程的探究性,掌握学习研究的方法,形成正确的情感态度价值观。

（三）课程实施水平评价

教师是课程的实施者,在课程实施过程中起着决定性作用。在核心素养背景下对教师课程实施水平进行评价,有利于促进教师发展。"玩探科学"课程实施水平评价见表6-7。

表6-7　"玩探科学"课程实施水平评价表

科学课程实施水平评价项目		评价等级		
		好	中	差
教学理念	1. 了解以本次课程设计以"培养儿童兴趣爱好和科学探究素养"为宗旨课程理念			
	2. 体现新的课程观、突出学生的主体地位			
教学基本功	1. 教师语言具有感染力,教态富有亲和力			
	2. 语言表达清晰、简练、生动			
	3. 板书简洁,教学重难点突出			
	4. 科学实验操作严谨、规范			
课堂教学	1. 课前准备充分,教学设计突出重难点			
	2. 教学组织流畅,教学井然有序			
	3. 教学方法适合学生的年龄特点			
	4. 教学过程中能因材施教			
	5. 评价促进儿童的发展			

续　表

科学课程实施水平评价项目		评价等级		
		好	中	差
教学研究	1. 积极参加校本学校的教研活动			
	2. 对每节课进行反思,总结出好的教学方法			
	3. 有书面研究成果并交流			
创新能力	1. 创造性地开展教学,形成独特教学范式			
	2. 开发课程资源,满足学生的学习兴趣与需求			
他人评价	1. 儿童评价			
	2. 家长评价			
	3. 同行评价			
	4. 其他人员评价			
评语： 　　　　　　　　　　　　　　　　　　　评价人签名：				

　　总之,"玩探科学"课程是依据校情、学情、生情,开发形式多样的内容学习。儿童通过学习本课程设置的学习内容,获得科学知识,掌握学习方法,从此激发儿童对未知世界的好奇心、求知欲,培养他们永不停歇的探究精神。让儿童在学习中体会科学知识给社会进步带来的力量。

后记

　　作为全国第一个全域所有中小学（幼儿园）全面推进"品质课程"项目的区域，自 2018 年开始，我们东湖教育人踏上了以品质课程为支点，撬动东湖区"融美教育"的新征程。"品质课程"项目分五个阶段用三年时间全方位、全覆盖深度推进高品质课程育人工作。从第一阶段"共创课程愿景"，到第二阶段"建构 3.0 课程体系"，到第三阶段"建设学科课程群"，到第四阶段"推进项目学习"，再到第五阶段"研制学校课程指南"……全区 23 所中小学（幼儿园）全面、扎实、有序推进"品质课程"建设，着力提高学校课程领导力，构建目标饱满、思路清晰、内容完善、特色鲜明、指向立德树人的课程体系，推动学校文化与内涵发展，全面发展素质教育，促进学生的全面发展，推进了区域的课程深度变革。

　　在历时三年的课程实践中，东湖教育人不断摸索探寻，在专家的高位引领下经历着课程思想的锐变，感受着反复修订课程规划的煎熬，享受着课程变革行进中的美好。在这个积累与成长的过程中，每一位亲历者都不断加深着对"品质课程"的理解，并且努力在自己的教育实践中践行"向好的倾向"。提升学校课程品质，构建出独具东湖地域文化特色的课程模式并最终走向课程自觉，成为每一个东湖教育人的使命与担当。

　　非常荣幸，南京路小学在这个大环境下，得到了一个将课程成果转化编撰出书的机会，全体教师激动之余又伴着些许忐忑。这是一次机遇，更是一次挑战，对于一线教师而言，脚踏实地地干或许有一定的经验，但是高屋建瓴地提炼经验、形成理论系统却存在较大的难度。于是，我们虽心中跃跃欲试，但手里却又不知从何处落笔，我们迷茫、纠结、踟蹰、困顿……

　　非常感谢上海市教育科学研究院杨四耕老师给予我校编者团队的悉心指导，他为我们"中观课程"的理论研究和实践探索提供了方向指引和框架设计，在一次又一次的研讨过程中，不断给予我们高标准的专业指导和高水平的学术引领。他言辞犀利、见解独特、思考深刻,在多次的互动中,他是幽默的智者,也是严厉的导师,给了我们醍醐灌顶的思考与启迪。由此,学校管理层充分认识到学校的课程建设决定着学校的教育质量和办学品位,通过课程变革实现学习方式变革,用课程建设推进学校教育内涵发展,做好宏观课程规划至关重要。老师们则更深刻地认识到教育实践者不仅要见微知著,让学校课程扎实落地,更要有中观课程意识,能够将各领域融合,促进学科课程发展,如此承上启下,才能更好地促进教师专业成长,引领学生个性发展。在历时两年不断学习思考、交流碰撞、领悟内化之后,课程理论的高起点才让我们的课程实践产生质的飞跃,理论的系统化才让我们的课程实践拥有更大的分享价值。这种收获是令我们受益终身的。在此,再次向杨四耕老师在本书的撰写过程中给予我们的悉心指导和巨大帮助致以最诚挚的敬意和谢意!

千呼万唤始出来。在学校教师对课程进行了探索—实践—评估—开发的完整环节的基础上,从确定本书主题到搭建整个编写框架,从每篇每节文章内容的充实到逐字逐句文字的推敲,最终呈现了一个较为完善的成果体系。在本书中,我们站在"中观课程"的角度,重点阐述了中观课程的价值链接、目标聚焦、结构耦合、学习共振、素养涵泳、思维矩阵六个方面的内容,用图文并茂的方式再现了这场重新定位学生、教师、教与学的课程建设的过程。

本书凝聚着每一个南小人的心血。特别感谢全体教师为课程开发所付出的实践努力,也特别感谢每一位编者对文稿进行反复修改酝酿的匠心用心。正如杨舸校长所说:"做学问要有一点不厌其烦的劲头。胜人者力,自胜者强。身为教师,更要善于思考,谦虚好学。有韧劲有责任感,事业就会进步,边学习边实践边提炼专业才能精进提升。"我们的课程建设团队就是秉持着这样一种情怀,才最终交出了这样一份沉甸甸的答卷。

我们寄希望于通过这本书的出版能够让更多的教育者关注到"中观课程"这样一个视角,并因此而拥有更多的同行者,不断扩充这样一个课程理念体系和实践内容。正所谓"三人行,必有我师焉"。书中不妥之处,恳请读者提出宝贵的建议。我们期待让读者从中产生共鸣,并碰撞出思维的火花,从而使我们的课程建设更加完善。

在这个举国上下全力以赴阻击新型冠状病毒疫情的特殊时刻,无法冲锋陷阵的我们唯有守护好自己的职业,在品质课程建设的道路上不断砥砺前行,奋勇向前,以梦为马,不负韶华,做一个有大爱、有大义、有专业、有贡献的人,让学生通过品质课程的学习与实践,拥有善良、丰富、高贵的向贤至善的灵魂,这就是我们最大的心愿。

编者

2020 年 2 月

教师专业发展的理论与实务	978 - 7 - 5760 - 0721 - 3	42.00	2021 年 2 月
课堂教学的 30 个微技术	978 - 7 - 5760 - 1043 - 5	52.00	2020 年 12 月
教学诠释学	978 - 7 - 5760 - 0394 - 9	42.00	2020 年 9 月
原点教学:提升区域育人质量的策略研究			
	978 - 7 - 5760 - 0212 - 6	56.00	2020 年 8 月
聚焦学科核心素养的课堂教学	978 - 7 - 5675 - 8455 - 6	36.00	2018 年 11 月
指向学科核心素养的课堂教学范式			
	978 - 7 - 5675 - 8671 - 0	54.00	2019 年 6 月

学校课程发展丛书

数学学科课程群	978 - 7 - 5675 - 9445 - 6	58.00	2019 年 8 月
科学学科课程群	978 - 7 - 5675 - 9593 - 4	34.00	2019 年 9 月
核心素养与课程设计	978 - 7 - 5675 - 9462 - 3	46.00	2019 年 9 月
语文学科课程群	978 - 7 - 5675 - 9441 - 8	56.00	2019 年 9 月
品牌培育与学校课程	978 - 7 - 5675 - 9372 - 5	39.00	2019 年 9 月
英语学科课程群	978 - 7 - 5675 - 9575 - 0	39.00	2019 年 10 月
体艺学科课程群	978 - 7 - 5675 - 9594 - 1	34.00	2019 年 10 月
跨学科课程的 20 个创意设计	978 - 7 - 5675 - 9576 - 7	34.00	2019 年 10 月
学校课程与文化变革	978 - 7 - 5675 - 9343 - 5	52.00	2019 年 10 月

品质课程实验研究丛书

学校课程框架的建构:HOME 课程的旨趣与架构			
	978 - 7 - 5675 - 9167 - 7	36.00	2019 年 9 月
聚焦育人目标的课程设计:红棉花季课程的愿景与追求			
	978 - 7 - 5675 - 9233 - 9	39.00	2019 年 10 月

核心素养导向的课程设计:花园式课程的文化与聚焦

978 - 7 - 5675 - 9037 - 3　　48.00　　2019 年 10 月

学校课程文化的实践脉络:百步梯课程的逻辑与架构

978 - 7 - 5675 - 9140 - 0　　48.00　　2019 年 11 月

学校课程发展策略:SMILE 课程的逻辑与深度

978 - 7 - 5675 - 9302 - 2　　46.00　　2019 年 12 月

聚焦内涵发展的课程探究:芳香式课程的理念与实施

978 - 7 - 5675 - 9509 - 5　　48.00　　2020 年 1 月

以儿童为中心的课程:欢乐谷课程的旨趣与维度

978 - 7 - 5675 - 9489 - 0　　45.00　　2020 年 1 月

学校课程体系的建构:"小螺号课程"的架构与创生

978 - 7 - 5760 - 0445 - 8　　45.00　　2020 年 9 月

特色学校聚焦丛书

每一个孩子都是一棵树　　978 - 7 - 5675 - 6978 - 2　　28.00　　2018 年 1 月

教育不是一个人的事:"众教育"36 条

978 - 7 - 5675 - 7649 - 0　　32.00　　2018 年 8 月

不一样的生命,一样的精彩　　978 - 7 - 5675 - 8675 - 8　　34.00　　2019 年 3 月

童味正醇:特色学校的文化图谱　　978 - 7 - 5675 - 8944 - 5　　39.00　　2019 年 8 月

特色普通高中课程建设探索　　978 - 7 - 5675 - 9574 - 3　　34.00　　2019 年 10 月

儿童是天生的探索者:360°科学启蒙教育

978 - 7 - 5675 - 9273 - 5　　36.00　　2020 年 2 月

做精神灿烂的教师:教师自我成长的 5 个密码

978 - 7 - 5760 - 0367 - 3　　34.00　　2020 年 7 月

让教育温暖而芬芳　　978 - 7 - 5760 - 0537 - 0　　36.00　　2020 年 9 月

快乐教育与内涵生长　　978 - 7 - 5760 - 0517 - 2　　46.00　　2020 年 12 月

故事教育与儿童发展　　978 - 7 - 5760 - 0671 - 1　　39.00　　2021 年 1 月

跨学科课程丛书

大情境课程：主题设计与创意评价

> 978 - 7 - 5760 - 0210 - 2　44.00　2020 年 5 月

社会参与素养的培育模型与干预机制

> 978 - 7 - 5760 - 0211 - 9　36.00　2020 年 5 月

大概念课程：幼儿园特色主题活动设计

> 978 - 7 - 5760 - 0656 - 8　52.00　2020 年 8 月

核心素养导向的课堂教学丛书

漾着诗性智慧的课堂教学　978 - 7 - 5675 - 9308 - 4　39.00　2019 年 7 月

转识成智的课堂教学：核心素养导向的历史教学

> 978 - 7 - 5760 - 0164 - 8　40.00　2020 年 5 月

学导式教学：学会学习的教学范式

> 978 - 7 - 5760 - 0278 - 2　42.00　2020 年 7 月

高阶思维教学的关键技术　978 - 7 - 5760 - 0526 - 4　42.00　2021 年 1 月

特色课程建设丛书

教师，生长的课程　978 - 7 - 5760 - 0609 - 4　34.00　2020 年 12 月

学校课程发展的实践范式　978 - 7 - 5760 - 0717 - 6　46.00　2020 年 12 月

丰富学习经历：如歌式课程的愿景与深度

> 978 - 7 - 5760 - 0785 - 5　42.00　2020 年 12 月